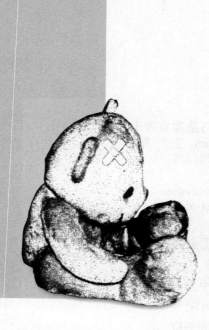

是谁
伤了父母的心

——富有同情心的技巧助你与青少年子女融洽相处

WHEN PARENTS HURT
Compassionate Strategies When You and Your Grown Child Don't Get Along

著 〔美〕约书亚·科尔曼博士
Joshua Coleman, PH. D.

译 张美惠

四川大学出版社

责任编辑:张　晶
责任校对:余　芳
封面设计:邓　涛
电脑制作:跨　克
责任印制:王　炜

图书在版编目(CIP)数据

是谁伤了父母的心:富有同情心的技巧助你与青少年子女融洽相处 / (美)科尔曼(Coleman, J.)著;张美惠译. —成都:四川大学出版社,2013.7
(婚姻家庭系列)
When parents hurt:compassionate strategies when you and your grown child don't get along
ISBN 978-7-5614-7031-2

Ⅰ.①是… Ⅱ.①科… ②张… Ⅲ.①家庭教育 Ⅳ.①G78

中国版本图书馆 CIP 数据核字(2013)第 173839 号

四川省版权局著作权合同登记图进字 21-2013-96 号

简体中文版权授权深圳市爱及特文化发展有限公司

书名	是谁伤了父母的心
	——富有同情心的技巧助你与青少年子女融洽相处
	SHI SHUI SHANG LE FUMU DE XIN

作　者	〔美〕约书亚·科尔曼博士
译　者	张美惠
出　版	四川大学出版社
地　址	成都市一环路南一段24号(610065)
发　行	四川大学出版社
书　号	ISBN 978-7-5614-7031-2
印　刷	深圳市希望印务有限公司
成品尺寸	170 mm×230 mm
印　张	16.25
字　数	195 千字
版　次	2013 年 9 月第 1 版
印　次	2013 年 9 月第 1 次印刷
定　价	42.00 元

◆读者邮购本书,请与本社发行科联系。
电话:(028)85408408/(028)85401670/
(028)85408023　邮政编码:610065
◆本社图书如有印装质量问题,请
寄回出版社调换。
◆网址:http://www.scup.cn

目 录
Contents

1. 动辄得咎的现代父母

——父母用心负责不能保证亲子关系不会出问题······1

千错万错都是父母的错？ ················· 2

本书的对象 ························· 3

青少年与成年子女对父母造成的伤害 ········· 4

这不是教养工具书 ····················· 5

各章简介 ························· 5

2. 被误解的父母

——厘清问题················8

让父母重新站起来 ···················· 9

孩子不只受父母影响 …………………………14

子女VS.父母………………………………16

如何运用本书 ………………………………21

心灵疗愈的基本原则 ………………………21

3. 内疚如何造成父母的痛苦

——真实或想象的过错 ………………23

否定内疚的代价 …………………………24

内疚VS.自我同情 …………………………25

学习同情自己 ……………………………26

如何弥补过错 ……………………………28

你们是糟糕的父母！ ……………………29

4. 孩子的观点

——总是抱怨父母做得不够好……………31

家庭观点的差异 …………………………34

孩子到底在想什么？ ……………………35

不要解读为只针对你 ……………………37

宽恕的意义 ………………………………38

面对指责或批评时的一般原则 …………47

5. 21世纪的新好父母

——忧心忡忡的称职父母………………52

新的家庭模式 ……………………………54

都是父母的错 ································· 55

孩子坐上谈判桌 ····························· 57

病态的母亲 ································· 58

家庭里的危机 ······························ 59

广播、电视与社区犯罪 ······················ 59

连玩耍都危险 ······························ 61

孩子的世界 ································· 64

儿童消费者 ································· 64

营养焦虑 ·································· 65

离婚的影响 ································· 65

经济问题与父母的心结 ······················ 66

6. 充满羞愧感的父母

　　——你不必默默承担 ··················· 67

内疚VS.羞愧 ································ 70

分离带来的羞愧感 ·························· 71

青春期延长 ································· 73

解读羞愧感 ································· 75

同理心 ··································· 76

孩子的心理负担 ····························· 78

专为教皇设计的汽车 ························· 79

学习不做情绪反应 ·························· 81

减轻羞愧的步骤 ····························· 82

7. 我怎么会有这样的孩子?

———亲子性格南辕北辙时 ……………………… 84

兄弟姐妹大不同 …………………………………… 85

手足间的影响 ……………………………………… 86

为什么弟弟都能得到他想要的? ……………………87

难缠的个性 ………………………………………… 87

抚养具攻击性或叛逆的孩子 ………………………… 88

自觉不够称职 ……………………………………… 89

不同程度的攻击性 ………………………………… 90

权威型父母VS.攻击、叛逆型子女……………………… 90

敏感或自尊心低的父母VS.攻击、叛逆型的孩子…………93

权威型父母VS.敏感型子女………………………… 94

高成就父母VS.低成就子女 ………………………… 95

沮丧的父母VS.好动的子女 ………………………… 98

外在的影响 ……………………………………… 100

自我的延伸 ……………………………………… 101

父母的差异 ……………………………………… 102

8. 孩子未必针对你

———得理不饶人的青少年与父母的因应之道………107

了解青少年 ……………………………………… 110

孩子终究要展翅飞翔 ……………………………… 111

打击专家 ………………………………………… 112

限制的必要 ……………………………………… 113

对孩子设定限制时常犯的四种错误 ·················· 118

暴力青少年 ·· 119

孩子为何有暴力行为? ································· 120

诉诸孩子的内疚感 ······································· 121

吵完架之后 ·· 122

何谓正常的青少年行为? ····························· 124

父母离婚的青少年 ······································· 125

过去的压力对青春期发展的影响 ·················· 125

9. 离婚的伤害

——父母的心灵疗愈 ······························· 128

离婚调查 ··· 130

父女关系 ··· 132

母亲如守门员 ·· 133

继母难为 ··· 134

继父母之痛 ·· 135

问题继子女 ·· 136

另一个家 ··· 137

不神圣的结合 ·· 137

厘清事实 ··· 138

疗愈练习 ··· 149

10. 问题婚姻与问题配偶

——亲子关系的修补 ····························· 152

不和谐的婚姻 ·· 153

承担责任 ·· 155

用心的父母该怎么做? ······································ 160

配偶批评我的教养方式 ·· 161

当着孩子的面批评你 ··· 162

与易怒型配偶沟通的要领 ····································· 162

感觉被排斥或被取代 ··· 166

配偶与成年子女很疏离 ·· 167

威胁离婚 ·· 168

11. 子女发展不顺利

——当青春期子女与成年子女发展不顺利············ 171

有些孩子为什么一直无法成功跨出第一步? ········· 173

精神疾病 ·· 174

父母难为 ·· 175

毒品与酒精 ··· 176

抛开过去 ·· 178

父母会伤人 ··· 181

性侵害 ··· 182

冒险、焦虑与长大 ·· 186

不敢尝试 ·· 186

无法离巢 ·· 187

你能放手让孩子飞吗? ·· 188

过度担忧的父母 ·· 189

对孩子的失败产生灾难性的想象 ……………………… 193

克服绝望感 …………………………… 194

12. 成年子女不愿和你联系

——成年子女与父母的关系 ………………………197

家庭会伤人 ………………………… 198

精神疾病或酒瘾、毒瘾 …………………… 199

离婚 ……………………………… 200

不正常的婚姻 ……………………… 201

教养的错误 ………………………… 202

进入成年期 ………………………… 204

亲情不能有条件 …………………… 204

成年子女的分离内疚与分离焦虑 ………………… 207

继续尝试 …………………………… 209

关于过去的对话 …………………… 212

自我辩护的时机与方法 …………………… 212

30岁以上的子女 ………………… 215

治疗伤痛 …………………………… 217

如何从愤怒中抽离 ………………… 219

13. 过去的孩子是今日的父母

——回顾你的人生 ………………………221

完美主义型父母 …………………… 227

长期忧郁型父母 …………………… 231

忧郁父母的亲子指南 ················· 233

过度控制型父母 ······················ 233

忽略型父母 ·························· 235

批评、排斥、虐待型父母 ··········· 236

纾解压力 ··························· 238

后 记

——心灵疗愈的基本原则················240

附 录

——爱家男人要三思·················243

1. 动辄得咎的现代父母

——父母用心负责不能保证亲子关系不会出问题

亲爱的母亲:

　　我决定再也不要和你联络,请不要再写信或打电话来。我忘不了成长过程中你对我的漠视。每次和你见面或谈话,都会让我连续好几星期感到沮丧、愤怒、难过。我觉得很不值得,我要过自己的日子。请尊重我的意愿,不要再和我联络。

　　　　——摘自23岁的克莉丝写给48岁的母亲费欧娜的信

　　费欧娜第一次来求诊时,静静地坐在诊疗椅上,没看我,也没说半句话,只是从皮包里拿出女儿写的那封信,仿佛在说:"这封信已足以说明一切。"这是事实。我有不少案主就像她女儿一样,有时甚至是我帮他们草拟那样的信,或鼓励他们与父母切断联系。这样的信会让人觉得已无转圜余地。我知道这是非常严重的事——一个心理治

1

疗师若不对长远的影响深思熟虑，是绝不能提供这样的建议的。

我为眼前这位看起来很可怜的女人感到难过，因为那封信很可能是她最后一次得到女儿的音讯。我的脑中浮现出各种问号——"费欧娜的女儿为何对她这么愤怒？她做过些什么来修补关系？她是否有能力负起她应负的责任？是否可以不带防卫心理地倾听女儿的抱怨？她听得进我的建议吗？"

"这真是令人难过。"我把信还给她，"她一定很痛苦。"

费欧娜露出松了一口气的表情，仿佛以为我会责怪她。"我一天到晚为她担忧，不断在想我到底做了什么可怕的事，让我的孩子这样恨我。我相信我犯过不少错，但我对她和对其他三个孩子没什么不同。"她说着哭了起来，"克莉丝一向是四个孩子中最难带的，小时候就不容易开心。我们什么办法都试过了：个别治疗、家族治疗、药物治疗……无所不用，但都没有办法让她和我们更亲近。其他孩子都不满她独占了本应属于他们的所有的时间、心力与金钱。除了老幺之外，克莉丝也不和其他兄弟姐妹说话，实在让人难过。"她拿出面纸拭泪，"让人心碎！"

千错万错都是父母的错？

不久前，我会假设费欧娜一定犯了什么严重的错误才会让女儿有这么激烈的反应。心理学专业训练告诉我，成年子女的问题通常与父母的不当教养有关。一般情况的确如此，但并不是没有例外。即使真的要怪父母，其内情也远比多数心理治疗师及自我成长书籍所说的复杂许多。

经过几个月的咨询，我发现费欧娜是个明理、负责的母亲。从费欧娜与其他人的例子来看，父母用心负责并不能保证亲子关系不会出问题。即使你什么都没做错，孩子长大后仍有可能不愿维持你想要的亲子关系；或是染上毒瘾，让你赔上无数的金钱与眼泪；或完全出乎你的意料，选择了没有人生目标只会将他拖下水的朋友或伴侣；或是空有让人羡慕的聪明才智，成年后的表现却让人失望。

很少有人能够做到对子女毫无愧疚。这也许是人类演化的结果，造物主用这种方式让我们持续关注子女，即使是在他们长大成人之后。当然，确实有父母会伤害子女，如虐待、乱伦、忽略、酗酒等。但不论父母犯的错误是轻是重，是真实发生过的，还是只存在于想象之中，今日的父母对孩子的失败与指责往往感到茫然，不知如何面对。这些人需要的不是别人告诉他们如何教养孩子，而是他们自己需要他人的指引与支持。

本书的对象

本书是为下列父母所著：

·对自己教养子女的方式感到强烈内疚、羞愧与懊悔的父母。

·子女因疾病或性格的关系而难以教养，你很难对他付出爱的父母。

·因离婚导致亲子关系受损的父母，例如子女排斥或责怪你、拒绝联络或因父母离婚深受伤害。

·现任或前任配偶刻意破坏你在子女心中的地位的父母。

·自认用心负责，子女成年后却拒绝联系你的父母。

·因配偶或伴侣的关系而无法如愿给予孩子足够的安全或照顾的父母。

·与子女有很大差异的父母。如成功进取的父母碰上有学习障碍的孩子，脆弱、无安全感的父母碰上攻击性强、性格又冷漠的孩子，沮丧的父母碰上好动、爱冒险的孩子。

·因子女成年后不快乐或不得意而痛苦的父母。

青少年与成年子女对父母造成的伤害

教养各年龄段的孩子都会遇到挑战与让人生气的事，我当然可以从出生开始逐步探讨各个发展阶段。但我决定将范围限定在青少年与成年子女范围内，从青春期谈起是因为亲子间的重大冲突往往在这个阶段开始出现。很多父母都希望或祈祷孩子的问题会随着年龄增长自然消失，诸如剧烈的情绪起伏、格格不入的性格、叛逆难处的脾气。然而到了青春期，多数人都会发现孩子其实和两岁、5岁、10岁时一样麻烦，唯一的改变是发型和衣服。

成年子女的情形又不一样。除了经济上需要援助外，成年子女几乎可以完全自主决定是否保持与父母的联系。未成年的孩子只有在一种情况下拥有类似的自由，就是父母离婚时因法院的判决或住所的安排可以决定和不具监护权的一方相处多久。

换句话说，成年子女有更大的自由可以摧毁父母的快乐与幸福，可以从自己的角度解读父母的教养方式，并且理直气壮地表达出来。毕竟那是他的童年，不是你的；是他的经验，不是你的。你还没听清楚吗？现在出问题的可是他的人生！成年子女可以在平等的立场上共同决定亲子关系的亲疏远近，其适用的原则在过去闻所未闻。

这不是教养工具书

教养子女是一项劳心劳力，但也是值得骄傲的，同时也是一项危险的任务。你必须日夜用心，检视每一项决定与做法，尽你所能栽培孩子。但曾经崇拜你、需要你的孩子有一天却可能转而排斥、羞辱、贬抑你。你明明记得孩子曾带给你最大的快乐与骄傲，如今怎会成了烦恼与失望的主要来源？那个曾经给你写贴心的字条、依恋地拥抱你的可爱小甜心，如今竟不把你当一回事，甚至羞辱你。

也许你接受过多年的心理或药物治疗，深刻检讨或与家人讨论过，最后决定不再听其他父母、儿科医生、心理学家、谈话节目专家的建议，再也不相信什么完成七个步骤就可以营造心目中的亲子关系。你确信这些立意良善的专家不是太天真就是被误导，或根本就是无知且观念错误。坦白说，事实的确如此。当这些父母打开青少年子女的房门，或是尝试和成年子女电话联系时，每每得到令人心痛、内疚或失望的回报，此时专家的教养建议却无法给他们提供任何帮助。

各章简介

第二章要协助读者厘清目前的亲子关系及其形成的原因，探讨

有哪些情况可能让父母受到伤害，并提出问题，引导读者思考问题的演变，以及如何因应未来发生的事情。

父母对子女感到内疚是难免的，但有些人一直相信自己曾伤害了子女（有时根本没有事实依据），并为此痛苦不已。不论你是为了过去所做的事情感到内疚，还是不知该如何面对子女的指责，第三、四章都提供了有用的指引。

现代父母的教养观在历史上可以说是前所未有，社会上对孩子的需求与父母应有的作为有很多观念都是错的。这些错误的观念正是造成父母常感到羞愧与挫败的元凶，也导致子女与其他人认为孩子的问题、失败、亲子关系不佳等都理所应当归咎于父母。每个世纪，甚至每隔几十年，"父母"与"子女"的定义都会出现变化，第五章将从历史与经济的角度探讨今日父母的地位。

第六章检视了父母与子女关系不和谐时所产生的羞愧感。本章除了探讨背后的心理因素外，也提供了因应的方法与练习。

第七章探讨了亲子性格南辕北辙的问题——有些事对父母而言很自然，在孩子身上却完全看不到，父母的需求甚至可能与孩子截然相反。我们将探讨性格差异如何造成亲子之间的长期冲突，并提供建议与解决方案。

青少年很容易让父母觉得自己不够称职，或产生愤怒、害怕、失去希望等感觉。今日的父母面对的挑战尤其巨大，因为同侪的影响力凌驾于父母的权威之上，难以管教的青少年可能会让你陷入痛苦的情绪纠葛之中，第八章探讨了这一问题的因应之道及介入的时机与方法。

第九章讨论了离婚带给父母的内疚、混乱与失落感，探讨前任配偶与重组家庭如何造成亲子关系疏离，也会提供因应的方法与练习。

不和谐的婚姻和离婚一样，会造成亲子关系紧张。第十章探讨了因配偶或伴侣沟通技巧欠佳无法扮演称职父母的问题。对如何控制愤怒情绪、施暴倾向、精神疾病或毒瘾、酒瘾等，文中会提供因应的方法与练习。

第十一章探讨了青少年或成年子女发展不顺时所带给父母的伤痛，其中包括已离家或仍住在家中的子女。

对父母来说，最痛苦的莫过于成年子女拒绝联系或是亲子互动非常不愉快。孩子排斥父母的方式可能是一再责怪或完全切断联系。第十二章便是为这类父母而写。至于何时应该继续努力，何时应放下，追求心灵的平静，文中都提出了建议。

父母在教养子女的过程中，有可能会引发自己童年的痛苦感受，这是父母难为的原因之一。第十三章将探讨童年经验如何影响你的教养方式，以及你面对子女时该如何反应。文中提供了实用的建议、练习与指引。

若你在教养子女的过程中曾失去重要的东西——你的人生观或自尊，或者你曾迫切希望成为理想中的父母却失去这个机会，渴望走出童年创伤却再也不可能——本书就是为你而写。坊间有千百本书教你如何教养孩子，却没有一本探讨同样重要的主题——疗愈父母心中的伤痛。倘若这是你的目标，那么本书就是为你而写的。

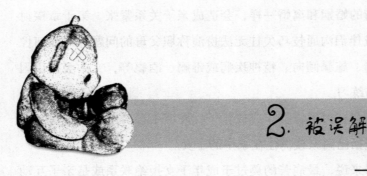

2. 被误解的父母

——厘清问题

来找我咨询的父母常有一种情形：前一天因小事责怪年幼子女，诸如欺负弟妹或踢家里的猫，然后这些父母便担心是否现在要开始存钱以备将来带孩子去看心理治疗师。在他们的想象中，孩子会对着频频点头的治疗师诉苦，描述当年妈妈如何不分青红皂白严厉责骂他，而他不过是跟弟妹玩耍或轻轻碰了一下家里的猫。"都是我妈害的，难怪我没办法跟人亲近！"

有些教养方式的确可能造成孩子的问题，但我们需要一套更精细完整的分析，而不只是像一些心理治疗师、政治人物或脱口秀主持人所说的那么简单。我们要更广泛地观照，因为基因、经济、同侪、手足、文化、性格等因素都可能让平庸的父母觉得自己很了不起，让优秀的父母在自己和别人眼中显得很不称职。有些孩子天生就让父母非常头痛，在教养过程中不断犯错。有时候即使父母巨细靡遗地遵循最新、最好的教养方法，环境因素还是会"制造"出问题小孩。

教养子女并不是一门精准的科学，你很难为每个孩子找出最理想的教养方法或发展结果。当你努力让一个敏感的孩子有安全感时，可能被指责过度保护，未能提供适当的环境让他学习忍受焦虑与恐惧。当你试着让一个叛逆的孩子更顺从，可能被指责管教过严，忽略了他也有乖巧与专注的时候。父母犯这些"错误"时往往只是在表现爱，或者实在是疲倦、担忧、烦到极点，因为你面对的是一段必须不断寻求平衡的互动关系。

父母理应对子女一视同仁，但事实上每个孩子从小到大给父母的感觉都不同。这不是理所当然的吗？父母总是渴望得到孩子的爱，当孩子表现出浓烈的孺慕之情，自然较容易得到情感回应；相比之下，一个别扭、叛逆、退缩的孩子得到的回应便比较少。

碰到难管教的孩子（不管是哪一种），往往会让父母表现出连自己都不喜欢，也不希望被别人看到的行为与情绪。孩子会让你失控，说出愚蠢伤人的话——你从来没想到自己有一天会说出那样的话，暗中祈祷去杂货店或姻亲家吃饭时的路人没有偷听到。不论在什么年纪，难以管教的孩子都会让父母感到沮丧与羞愧，嫉妒别人家的孩子为何那么好带。

让父母重新站起来

心理学家黛安娜·鲍姆林（Diana Baumrind）的威信教养理论（authoritative parenting）影响了许多父母与心理学家。这是很实用的概念，我常提供给父母当作一般原则。这个理论将父母分成三大类——专制型、放任型与威信型。专制型控制太多，很少表现疼爱；放任型常表现疼爱，但很少控制；威信型则常表现疼爱，但也控制很多事。鲍姆林的研究显示，若全盘考量各项因素，威信教养最可能让孩子将来有好的发展。

读者可能会说："那么只要采取威信教养，融合爱与控制，就可轻松将孩子塑造成完美、健康的成人。"事情未必这么简单。教养工作之所以如此复杂与难以掌握，就是因为对甲有用的方法未必适用于乙。有些父母善于教养特定类型的孩子，碰到另一类型便束手无策；有的会带男孩，不会带女孩；有的会带女孩，不会带男孩；有的养猫胜过养孩子。

有的孩子真的是很好养。几年前我去洛杉矶找一个童年玩伴，便看到两个乖得不得了的孩子。朋友介绍我认识他太太，我们在客厅坐下。除了古典摇滚电台不太大声的音乐之外，整间屋子安静得有点奇怪。

"哇！"我环顾那整洁得令人可疑的房子。

"怎么了？"朋友问。

"怎么没看见你女儿，你不是说她们在家？"

"在啊，在房间里玩，可能在一起看书或是做别的事吧。艾米丽！艾丽丝！出来吧，我介绍你们认识一个朋友。"两个分别是9岁和13岁的女孩走进来，就像电视上的小孩一样——带着微笑，非常乖巧（让人觉得制作单位给的酬劳应该不错）。"这是我的朋友，乔伊。"

"嗨，乔伊。"姐姐说。"嗨，乔伊。"妹妹的语气完全一样。两人在地板上坐下来。肯尼和我聊了一个半小时，两人都没有插嘴。一个半小时啊，不可思议。

我说："你怎么教的？"

"她们本来就是这样，很乖巧。"

啊哈！这就是了！她们是乖孩子！但难道我的孩子就不乖吗？喜欢在收银台前练习世界摔跤联盟扳倒对手的技巧就是不乖吗？每次朋友来家里，他们老是不断插嘴，即使我冷静地请他们等一秒钟：宝贝，等一秒钟好吗？你又插嘴了哦，再等一秒就好了，可以吗？可以让我说完这——句——话吗？！难道这样就是不乖吗？

我说："我的孩子也很乖。"这是实话。只是他们没那么好带，不，应该说很不好带。

事实上，我家男孩吵闹、粗鲁、好动，因此我大半的心力都用来控制与围堵，以免他们将房子拆下来做成滑板坡道。我对女儿比对儿子有耐心多了，她天性安静内向，因此我们有很多时间一起玩、聊天或阅读。真是一幅理想的图画！

双胞胎儿子使我有机会进行独门的科学实验，观察在相同的教养方式之下，两人如何长成完全不同的15岁少年。例如，其中一人似乎天生不受管束。如果任何对话最后很难堪地以"我说了算"作结，对象一定是他。我很欣赏他的强硬个性，但他显然无法理解"不行"这两个字的意思，也因此我总是耗费太多时间和他"磨上"半天。前面不是说应该实施冷静而清楚设限的威信型教养？当然可以，等我灌下几杯马丁尼酒再说吧。

双胞胎的另一位却完全相反。我感到不耐烦时，他总是很快就受我的情绪感染，就像是微微发烧一样。前面那一位对我的行为视而不见，这一位却像声呐，亦步亦趋地追踪海洋底部的变化。这让

他变成了一个多愁善感的孩子，往往把事情看得太与自己相关而容易受到伤害。

我那已经长大的女儿，性格介于两兄弟之间。她和上述第二位一样颇具适应力，但忍让到某种程度若未受到关注，反弹起来会让你吃不了兜着走。她小时候很乖巧，青春期之后却把过去不够叛逆的地方全部补了回来。

我和女儿的关系让我决定写这本书。我在二十多岁时结婚、离婚，19年前再婚——所以才会有双胞胎儿子。我现在和女儿很亲，但她年少时有好几年几乎不回我的电话，也无意见我。那是一段艰难而茫然的日子。还是全部忘掉吧，那段时间可以说是我一生中最痛苦混乱的时期。

我们都知道有一天要放孩子单飞，事实上从孩子摇摇晃晃自己学走路时，我们就已开始为失去他而悲伤。没有父母真的乐见那一天来到。尤其是多年后，当你凝视照片里3岁的女儿坐在你的肩上，天真快乐地倚着你的头，对着晴朗的蓝天微笑的时候。在这个愈来愈充满不确定感的世界，你一直希望做一个慈爱的父母，得到看似稳定的亲情回报。你完全没料到未来必须不断修补：利用某个周末、某一天，或一封信、一通电话，试图将已被离婚这颗非金属元素炸弹炸得支离破碎的亲情一针一线修补起来。你从来没想到会有这么一天，从来没有。

不论你是否离婚，同样的问题还是会发生。仅就我从案主与朋友身上看到的，这种问题发生的频率颇高。我不断听到为人父母怀有深深的失落与渴望、内疚与悲伤、愤怒与羞愧。他们懊悔对孩子不够好，难过孩子对自己不够好，懊悔人生怎会走到这一步。无尽的懊悔，懊悔，懊悔。

他们心里有很多疑问：要如何面对这些痛苦？谁能了解你无论白天黑夜都在为子女忧心，不论子女是否已经独立？谁能明白你是多么担心孩子无法真正长大成熟，担心永远无法与世上最重要的人见面和亲近？

你怎能向别人坦承这些心事而不引发更多羞愧？因为对方可能提供善意却让人伤心或困惑的建议，而背后未说出的假设是你必然做错了什么，才会让牢固的亲子关系出现距离或问题。

我能够谈论这些，是因为那些日子已安然过去了，至少我希望是这样。应该架设的桥梁已经架好，我和女儿可以看到桥下流水清澈。所幸我有一些朋友也正在经历或是曾经经历过类似的亲子问题：他们家的青少年或成年子女不幸出现成瘾、饮食疾患、焦虑、忧郁、自残、自杀、学业退步、排斥父母等状况。能够借鉴过来人的经验，听听指引真的很难得——尤其当你义愤填膺地想写一封愤怒的信给子女以牙还牙地拒绝他，或长篇大论提供他不想听的劝告时，这的确能让你的心情平静下来。

正因为我有这样的亲身经历，当求诊的父母给我看他们刚寄给子女的信时——内容多半振振有词，目的是引发愧疚，详述他们是多么操心，却没有得到公平的对待，他们不被重视甚至有被遗弃的感觉——我听了只有同情。有些父母在绝望痛苦之际写道："你这个忘恩负义的小子！我已厌倦被你当成坏人。如果你要见我或改变我们的关系，该轮到你来找我了！"

我的反应几乎都一样："我完全能理解你为什么写那样的信。你这么做绝对有你的道理，但我认为你应该再写一封不同的信。"

本书的主要内容就是谈这第二封信。有一点要说清楚，我不像你那么关心你的孩子，你的宝贝若有需要，可自行寻求心理治疗。我的重点是你和你的健康。我偶尔也会提供教养方面的建议，但重点不在于让你成为更好的父母，而是要帮你重新站起来。

我很乐意提供指引，因为讨论这个主题的书籍并不多。除了探讨如何发挥资源优势养育出完美的孩子，父母的内心世界几乎被视为禁忌。

孩子不只受父母影响

容我说得更清楚一些，除了父母的行为之外，还有很多外在因素会影响你的感受与孩子后来的发展。亲子关系并非存在于真空状态之中。行为遗传学（behavioral genetics）的新研究发现，孩子也会影响父母的行为。关于儿童发展的研究已有数十年历史，但一般观念依旧介于卢梭（Jean-Jacques Rousseau）与洛克（John Locke）两派主张之间。前者认为儿童是全然天真的，后者相信儿童如同一张白纸，等待父母涂上梦想与欲望的图画。本书希望重新建立一套观念。

儿童发展与遗传学的最新研究显示，孩子来到这个世界时所具备的反应能力出乎我们的想象。婴儿出生后就开始察言观色，看怎么做对父母最有效。研究显示，孩子的行为大约有一半与父母的疼爱、积极倾听、环境刺激等无关，而是听从身体的基本元素DNA的指示。

不仅如此，很多人（尤其是心理学家）常喜欢比较先天与后天哪个更重要，我们总以为后天就是指父母的教养。事实上，更准确的说法是基因与环境的影响各半，而环境的定义绝不只是爸爸、妈妈和喜欢欺负人的哥哥。以下比较完整的定义应该能涵盖下列问题：

·父母如何面对孩子的性格。举例来说，现在我们知道具攻击性的孩子容易引发父母的攻击性反应［行为遗传学家称之为子女对父母的影响（child-to-parent effects）］。

·父母的基因如何影响他们对待子女的方式。

·手足之间如何互动，如何解读彼此与父母的关系。研究显示，手足之间会不断比较父母对待每个人是否公平，孩子的解读方式会影响他未来的发展。此外，遗传学研究显示兄弟姐妹往往有极大的差异，这又会让他们对父母的宽严标准、是否公平、是否疼爱子女有不同的观感。

这些还不是全部，孩子在发展中会受下列因素影响：

·孩子选择和哪类朋友交往，为什么？

·哪类人会将他排斥在外？

·他与老师或其他人是否有正面的互动，而且互动对他的人生产生重要的影响？

·他有过哪些负面经验？

·孩子到10岁、20岁时，在家庭之外有多少就业机会或有意义的活动可选择？

不论父母如何教养，这些因素都是迈向成年期的重要基础。其

他因素包括：

· 社会观念中父母应如何管束子女的行为？

· 父母的经济地位如何？其经济能力能给子女提供什么优势与保护？又如何影响子女在交友或教育方面的机会与选择？

· 父母的经济地位是否能保护孩子不受文化的负面影响？

· 社会给父母与子女提供了哪些资源？

· 一般观念认为社会在教养下一代中应扮演何种角色？

子女 VS. 父母

这些因素已经很复杂了，偏偏孩子本身往往很早就对自己的最佳利益有一套看法，且常与父母的看法相冲突。你可能觉得现在和孩子格格不入，其实你们的战争从怀孕时期就已开始。胚胎一旦形成，便开始释放出"强力"的荷尔蒙以形成胎盘，提供食物、空间与舒适的子宫环境。接着胎儿会掌控你的脑下垂体，使其合成大量的绒毛膜促性腺激素（chorionic gonadotropic hormone），以确保怀孕过程安全无虞。在整个怀孕过程中，你的身体并不由你掌控，而是听从新生命的指挥。

多数人怀孕期间，母子之间的这些互动是合作进行的，但也有走调的时候。当母体无法满足胎儿对高糖分的需求时，便会导致妊娠糖尿病。换句话说，早在孩子长成青少年向你顶嘴之前，他在胚胎时期就已经有自己的一套"计划"，追求他自己的生存与茁壮成长的条件，甚至不惜危及生命赋予者的福祉。这听起来是不是很耳熟？

这还只是在怀孕期间，出生后亲子利益冲突继续上演。人类婴儿依赖父母的时间比任何灵长类动物都长，需要父母投入大量的时间与资源——可能因此威胁到父亲、母亲，乃至整个家族的生存。

婴儿很早就知道如何吸引父母的注意，哪些事又会转移父母的注意力。满1岁的幼儿已会安慰难过的妈妈，看到别的小孩难过时也会想要安抚。满3岁时，他更会积极地让母亲将注意力从兄弟姐妹那里移到自己身上。

从孩子的角度来看，他们必须尽可能从父母身上取得攸关生存的重要资源——时间、营养、情感的投入，绝不能让父母不喜欢自己。婴幼儿没有什么能力，只能善用天赋取得迫切需要的一切。进化生物学家罗伯特·崔弗斯（Robert Trivers）说："孩子无法将母亲甩到地上，想吃奶就吃奶。"他只能用可用的资源，如表现可爱、大声哭叫、吵个没完等与兄弟姐妹争夺父母的更多关注。

因此，父母与孩子的目标有时会发生冲突，因为父母不只要照顾某一个孩子，还要将资源尽可能理性地分配给每个孩子、自己及其他家人。孩子长大要变成什么样子，父母的控制力其实没有想象中那么大，一部分原因是完全听从父母控制未必最符合孩子的利益。

读者可能会想："好，就算孩子受到很多因素影响，但我还是不知道如何承受亲子不和的痛苦。"

后面我们会谈到这个问题，你会得到帮助。但首先我们要通过几个问题来厘清你目前的状况。

厘清问题

请选出最符合你或你的经验的叙述，每题都可复选。勾选过程中不妨做笔记记下你的想法与感觉，记下你认为特别有用或让你难过的事项。这个部分的重点是问题的定义，解决方式留待后文讨论。

你初为父母时怀有何种希望与梦想？

☐孩子和我成为最好的朋友，很亲近。

☐我会比我的父母做得更好，给孩子我没有的东西。

☐教养子女将是我生命中最有意义的经验。

☐我可以帮助孩子在学业、运动、人际关系及其他领域获得优异的表现。

☐我将体验到深刻的爱。

☐ _____

☐ _____

你对自己的梦想失望过吗？

☐我觉得孩子讨厌我。

☐我常觉得不喜欢我的孩子，真希望没有生过他。

☐我对孩子的发展与他选择的生活方式感到失望。

☐我父母犯过的许多错误，我也未能幸免。

☐我比我的父母做得好多了，孩子却让我觉得自己很失败。

☐我相信别人可以给我的孩子更好的教养，这让我感到悲伤与羞愧。

□ _____

□ _____

对于孩子，你最难承受的情绪是什么？

□ 内疚。

□ 焦虑。

□ 恐惧。

□ 愤怒。

□ 担忧。

□ 悲伤。

□ 懊悔。

□ 挫折。

□ 失望。

□ 以上皆有。

□ _____

□ _____

你认为引发上述情绪的主要原因是什么？

□ 我过去教养子女时犯了很大的错误，现在继续在犯。

□ 孩子以前认为我不是称职的父母，但我自认为很称职。

□ 孩子现在认为我不是称职的父母，但我自认为很称职。

□ 离婚影响了我与孩子相处的时间与品质。

□ 前任配偶的行为让孩子与我很疏离。

□ 我很难理解孩子的性格。

□孩子对我很冷淡。

□我的孩子似乎和别人很不同，我经常担忧他的未来。

□现任或前任配偶造成了孩子的问题。

□婚姻或感情压力让我在面对孩子时反应过度。

□我个人的问题使我无法如愿扮演更称职的父母。

□在孩子成长过程中，我长时间在外工作，这让我深感担忧与懊悔。

□我因体罚孩子感到内疚。

□ _____

□ _____

亲职角色如何影响你的人生？

□多数时候我感到沮丧与精疲力竭。

□我无法用心经营人生其他领域。

□多数时候我感到内疚与担忧。

□我的自我认同与自尊似乎都受到了损伤。

□抑郁与悲伤让我难以承受。

□我感到愤愤不平。

□我对孩子的未来感到恐惧。

□我的婚姻与其他人际关系都受到负面影响。

□我的工作受到负面影响。

□我的生活重心几乎全部被孩子或亲子关系占据。

□ _____

□ _____

如何运用本书

　　每个父母碰到的挑战都是独一无二的，很难找到一套放之四海而皆准的解决方法。每个人的情况不同，我的建议是耐心等待，也可能是继续伸出双手，不论你得到的回报有多么少或感觉多窝囊。某些情况下，我会建议你为亲子间的裂痕负起大部分责任，也可能劝你好好修正投射到你身上的扭曲形象。实际施暴的父母与无辜被控施暴的父母当然要对孩子做出不同的反应。假设孩子16岁时和你很疏离，在他21岁、28岁、40岁时，你的反应当然也不同。同样的道理，面对爱说大话又讨人嫌的青少年，父母的反应也跟面对患上贪食症（bulimic）或有自杀倾向的孩子不同。

　　我写这本书时，也考虑到做练习未必对所有读者都有帮助的情况。有些人无法忍受认知行为练习，有些人讨厌将所有事情都回溯至童年，有的人认为提供指引很有帮助，有的人较适合知识教育，喜欢资讯或实用的建议。因此多数章节都采取兼收并蓄的做法。

　　有些原则是追求心灵疗愈不可或缺的，无数的研究证明这些道理确实能帮助人们走出情绪的低谷，坚强面对未来的身心压力。以下是心灵疗愈的基本原则，读者不需背诵，后文会一一详论。

心灵疗愈的基本原则

下列做法有助于促进心灵疗愈：

· 检讨你为今日的亲子问题应该负起何种责任并勇敢承担。

· 弥补你的过错。

·尝试宽恕子女过去或现在对你造成的伤害（这并不等于原谅错误的行为、寻找借口或淡化你所受的伤害）。

·宽恕你对子女所犯的错。

·学习同情孩子。

·学习同情自己。

·将愤怒、内疚、羞愧、懊悔等情绪放在一旁，强调希望、感恩与乐观。

·不论作为父母还是仅作为一个人，你都可以以自己的优点与成就来建立个人认同，并书写你的生命故事，而不是一味去看受苦或失败之处。

·从朋友、家人或信仰中寻求支持。

·回馈社会。

我知道要完成上述每个步骤并不容易，但在这个过程中你将获得很大的力量，并扩及生命中的其他领域。对每个父母而言，最重要的是掌控内疚感。这也是我们接下来要探讨的主题。

3. 内疚如何造成父母的痛苦

——真实或想象的过错

　　父母自认为对子女造成伤害，当然会感到强烈的内疚、羞愧与懊悔。有些父母的做法确实对子女不利，甚至会造成伤害。即使是不明显或善意的伤害，也会在父母心中留下难以磨灭的伤痕。此外，很多父母并未伤害子女，只是自己误以为如此，因为他们没有标准去评判孩子的指控是否合理，这时父母的反应可能又会引发新的问题。

　　在现代社会，父母要想做到称职必须对子女的不满具备前所未有的敏锐度。这种能力固然能让亲子关系更亲密更有意义，却也让父母更容易产生有心无力、羞愧或内疚等感觉。试以下面的故事为例，看看子女的指责如何让为人父母者愈来愈无所适从。

　　·一名幼儿在人行道上跌倒，孩子指责妈妈没有好好保护他。

　　·一名幼儿在人行道上跌倒，父亲指责妈妈没有好好保护孩子。

·10岁孩子的老师打电话给家长，说她怀疑孩子在校表现不佳"是因为最近家里出了问题"。

·13岁的女孩对母亲说她恨母亲，因为她"太以自我为中心"，接着又说，"难怪爸爸要和你离婚"！

·18岁的女孩告诉父母，她开始吸毒就是求救的信号，父母为何没有早点看出来送她去治疗。

·20岁的儿子大二读完便辍学，告诉父母："都是你们的错，你们一直给我太大的压力！从不关心我快不快乐！"

·30岁的儿子拒绝和母亲联络，原因是母亲从未对自己未善尽亲职表示歉意。

在20世纪上半叶之前，多数父母碰到这类情况都很清楚该怎么处理，尤其是子女还住在家里时。他们深信孩子有义务证明他的价值给父母看，而不是颠倒过来。老派的父母会指责孩子不尊敬长辈，不知天高地厚。这种反应未必更好，却能让他们不致像今日的父母一样，面对子女的不满充满内疚、自我怀疑、困惑与痛苦。

本章要探讨内疚如何造成父母的痛苦，以及面对子女的批评与拒绝时该如何承受这样不堪的经验。不论是曾经犯下大错、没犯过什么错还是介于两者之间的父母，相信都能从中得到一些收获。

否定内疚的代价

康妮是个单亲妈妈，育有14岁的女儿。她刚接受心理治疗时已戒酒两个月。与许多刚戒酒的人一样，她希望通过心理治疗探讨过去10年来是什么让她不断在酒精中寻求慰藉。其中一个重点是厘清父亲的暴怒是如何让她失去自信与安全感的。

她虽没有明言，但我怀疑她之所以会感到痛苦，一个原因是她认为自己不是称职的母亲。我会这么说，是因为每当我问及她的女儿，她总是说："她常抱怨我不是个好妈妈，拜托，我现在不是戒酒了吗？她还有什么不满意的？""她的情况至少比我小时候好上一倍，她应该自己调适。"表面上这是对女儿的抗议与批评，背后却显然隐藏着巨大的内疚与懊悔，康妮认为自己沉溺于酒精的这些年没有善尽母职。

对女儿的不满，康妮为何那么无法接受？这是因为她急于减轻内疚、悲伤与懊悔。她小时候有个愿望是有一天成为比自己父母更好的父母，她直言绝不会像父亲那样乱发脾气，也不会像母亲那样不顾子女。但就像许多问题家庭出身的孩子一样，到头来她却继承了父母的缺点。沉溺于酒精的那段时间，下班后她常在外面流连到很晚，回家时女儿早就睡着了。女儿一抱怨，她便大吼："大小姐，这个世界可不是只以你为中心。我也有资格放松一下，不要只想到你自己！"

内疚VS.自我同情

我知道康妮必须先承认她不该用那种态度对待女儿才有可能慢慢走出内疚。但首先她必须培养对自己的同情心，明白她为何做出那样的选择。为什么说同情自己很重要？因为一个人若一直沉浸在内疚与懊悔里，便会觉得自己很糟糕，眼光会变狭隘，不是反应过

度就是否定痛苦。当一个人满脑子感觉别人对不起他、误解他或充满内疚，对其本身或子女都不是好事。

以康妮的情况为例。康妮为了压抑对女儿的内疚而假装问题没那么严重，亦即淡化女儿的抱怨。其实她根本是在蒙住自己的眼睛，假装女儿也看不见。女儿为了让母亲看见她的不满，反而表现得更为激烈，显然危机已在酝酿之中，时间一长康妮只会更加内疚与自厌。

学习同情自己

康妮不太能接受自我同情的观念。很多人都是如此。我常常会锲而不舍地扭转案主的想法，因为这是所有父母走出伤痛的重要基础。以下是几种常见的抗拒心理：

- "我只是在自怜自艾。"
- "我本来就不是称职的父母，讨厌自己是应该的。"
- "如果我必须为子女的痛苦或失败负一丁点责任，我就没有快乐的权利。"
- "我完全不知道同情自己是什么感觉。"

这些心理障碍很常见，接下来我们来一一检视这些心理障碍。

"我只是在自怜自艾。"

同情自己不等于自怜。同情自己是相信不论你犯了多大的错误，爱与宽恕都是与生俱来的权利，也是人性的一部分。子女未必有义务爱你或宽恕你，但你应该向其他家人（如果他们做得到）、

26

朋友、咨询师、宗教信仰或你自己寻求爱与宽恕。

　　我要强调，精神上的支持有健康与不健康两种。健康的支持不只是提供你应得的安慰，也会对你应该改进的地方提出意见。研究显示，如果你不假思索地赞同一个人的观点，而没有协助他建立其他或更健康的观念，那么你给对方的帮助就会很有限，因为他会一直停留在受害者的角色之中。

　　"我本来就不是称职的父母，讨厌自己是应该的。"

　　如果你知道自己伤害了所爱的人——尤其是孩子，内疚感的产生是可以预测与理解的。你必须承认所犯的错误并真心做出改变才能走出阴影。但你不应该继续惩罚自己，这对你和孩子没有任何帮助，只会让你停止成长与付出，忘了还有其他人需要你的爱与关怀。不仅如此，你甚至会变得没有能力接受别人的爱与关怀。

　　"如果我必须为子女的痛苦或失败负一丁点责任，我就没有快乐的权利。"

　　同情自己不等于替自己找借口，而是试着接受自己也是凡人的事实。我治疗过子女发生各种状况的父母，如子女自杀，有严重的酒瘾或毒瘾，成绩很差或辍学，长大后不得志等。不论父母有多内疚、失落或失望，要获得心灵平静，必然都要先学会同情——不只是同情孩子，也同情自己。

　　学习同情自己就是要了解自己为何犯错。例如，当康妮明白她的潜意识将父母对待她的方式移植到女儿身上时，她对自己的行为便不再感到那么羞愧，从而能为自己的行为负责，也才能开始努力

改善与女儿的关系。

"我完全不知道同情自己是什么感觉。"

我见过一些对别人非常有同情心，却完全无法同情自己的人。他们也许在家庭里付出很多，却没得到什么回报，也许在成长过程中很少从别人身上感受到同情、支持或照顾。他们既很少被关怀，也就不知道如何关心自己，常觉得自己不够好。同情自己才能宽恕自己与别人，让正向情绪进入你的生活与意识——关键是要下决心弥补过错。

如何弥补过错

·勇敢、诚实地向孩子承认你的错。省去你的理由、解释或任何让孩子觉得没有理由抱怨的细节。

·对你的行为所引发的反应诚恳地表达同理心。

·避免以自我防卫的姿态面对孩子的愤怒与悲伤。你将来会有时间解释，但不适合在努力弥补时辩解。

·在弥补过错的开始与结束时，都要感谢孩子愿意倾听。

·让孩子知道，将来只要他想再谈，你都愿意配合。

依据上述原则，康妮写了一封信给女儿：

亲爱的南西：

你最近常抱怨我在成长过程中没有用心照顾你，每次

听到我都会发脾气。你说得对，我确实做得不够好，你有
理由对我不满。我要说声对不起，你一定很难过。正因为
妈妈很爱你，我很难面对过去酗酒带给你的痛苦。所以每
次你抱怨，我才会生气地为自己辩护。但现在只要你想
说，我都愿意听。不论是现在或未来，只要你想谈，我永
远张开双臂等待你。

爱你的妈妈

起初女儿的反应是迟疑与不信任，几封信之后便开始对母亲的
改变做出正面回应。之后女儿也开始愿意谈到她的自残行为，并请
康妮带她去治疗。康妮原本担心承认犯错之后女儿的愤怒与失望会
全部爆发出来，和她变得更加疏远，没想到母女俩反而变得亲近。
这是因为她的认错在女儿看来是坚强与用心的表现，因而开始愿意
依靠母亲。

你们是糟糕的父母！

有时候子女的指责是不理性的，或是建立在对父母不完整的认
识上，但这些指责所引发的内疚、羞愧、愤怒与困惑可能不亚于有
事实根据的指责。所谓父母难为，部分原因是孩子长大后可能对你
的行为做出不正确的指控或断章取义的解读，或将善意的保护行为
误解为自私、伤人、制造问题。孩子可能指责是你让他变成现在这
样，但那与你的看法或记忆大有出入；或者孩子完全无法体会你
是多么努力，以你的童年经验，要成为称职的父母是多么辛苦；或

29

者孩子不了解你经历了多么艰难的婚姻，或是孩子的性格很难引导。

　　要获得心灵的平静，必须兼顾你与孩子的经验。让我们先设身处地了解孩子的处境。

4. 孩子的观点

——总是抱怨父母做得不够好

　　我知道你可能已经试过各种方法来修补亲子关系，因为我知道长期承受悲伤、懊悔、被遗弃、内疚与忧虑是多么沉重而难以摆脱的负荷，任何人都不知所措。多数父母为了顾全亲情或出于绝望，会竭尽所能摆脱这些感受。无论你如何努力或多么无辜，都必须先接受孩子的观点，那就是你可以做得更好：可以多爱他一些，多拉他一把，少忧虑一些。敏感的孩子可能会希望你与他相处时更平和，具攻击性或叛逆的孩子可能希望你更有耐心，更和善。即使你自认已尽力而为，也看了很多教养书籍，请教过其他父母、儿科医生、教育专家、社交技巧专家、心理治疗师，孩子还是有权利抱怨你做得不够。

　　其中一个残酷的吊诡是，父母即使在最尽心的时候，也可能会伤害孩子。例如很多父母想避免和上一代犯同样的错误，却反而伤害了子女。我有个同事在20世纪60年代的公社（commune）里长

大。他说："我爸妈对祖父母的保守作风很反感，因此从小让我自由得不得了，唯恐纪律与限制会破坏我的天真与创意。我记得我10岁时问过爸妈，可不可以和他们一起抽大麻，他们说：'你自己决定，你觉得好就好。'我才10岁呀！我哪知道好坏？现在我自己当了父亲，对孩子超级严格，连眨个眼都需要我同意，他们恨死了，但总比我受的教养好。"

也许吧。采取与自身经验完全相反的极端教养方式或许能避免一些问题，但往往也会制造出另一些问题。有对夫妻冒着生命危险来到美国，希望给孩子更好的发展机会。两人基于望子成龙的心理，把孩子逼得很紧，常大声批评孩子。孩子成绩好时会批评他不够好，成绩差时更是将他贬得一无是处，结果孩子长大后充满内疚，自我评价低。这对夫妻用他们所知的一切方法尽力扮演称职的父母，是因为他们太害怕下一代和自己一样贫穷，因而看不到孩子受到的伤害。子女长大后批评他们太严厉，两人完全无法理解，觉得子女背叛了自己。

他们的子女（目前已成年）应该原谅父母，忘记伤害吗？当然，可以做到最好。但美国文化总是告诉我们要"走出阴影""继续往前走""赶快长大"，任何人若停下脚步回顾童年的缺憾，便可能会被嘲笑为不成熟。因此很多人只会为内在的匮乏与心理冲突而自责，却不明白问题的根源。

读者应该还记得前面提到的康妮，建立自我同情帮助她接纳自己与女儿。孩子的心理也一样，当他把所有问题都怪在自己头上时，通常表示他还没准备要原谅父母。只有当孩子认清不论父母的本意多么高尚，都不应该"苛待"孩子，宽恕才会降临。父母也要明白：即使我们为孩子做了很多牺牲，尽力扮演称职的父母，还是有可能给孩子造成伤害。你必须安慰自己已尽力而为，也要试着体谅孩子抱怨父母做得不够好。

身为心理治疗师，我知道有些家务事在外人看来或许微不足道，却可能会让孩子感到窒息或受伤。有位案主曾告诉我："我母亲对教养的标准很低，认为只要不打小孩，告诉小孩你很爱他就够了。我父亲不会打小孩，所以在妈妈眼中他是模范父亲。他既风趣又外向，人缘很好，没有人知道他每天都用一些隐密的方式羞辱我们。"

在心理治疗中，案主常常自责不该为了连自己都说不清的童年伤害而痛苦和愤怒。他们常说："父母其实没有打我或虐待我，只是比较冷淡，从不曾说爱我。很多人的问题比我严重，我没理由陷入沮丧之中。"但有些人确实会因此沮丧，感觉与父母疏离。父母若能体认孩子的心声，不急着自我辩护，就有机会修补亲子关系。但也只是可能，不是绝对。

每次碰到打算离婚的案主，我都会告诉他们，若有孩子就必须尽最大的努力挽救婚姻。因为我知道，总有一天孩子会问他们何时复合，为什么不努力挽救婚姻。若父母已经尽力而为，届时才能心安理得。

修补亲子关系也一样。若孩子对你不满，或你自认某些教养方式做得不够好，你总希望能坦然地说"我正在尽最大的努力"，或者"那时我已尽力而为，只是很遗憾没有成功。每个人都会犯错，我自认应该获得原谅与同情，即使孩子不能谅解我，至少其他人和我自己可以。我不能再继续惩罚自己"。

家庭观点的差异

要知道，每位家庭成员的经验与他们对家庭的认识都不同。以四口之家为例，我们可以想象有四出不同的戏在同一个舞台同时上演。每个人都只能看到舞台的一部分，因为帘幕后也有一出戏在进行，而另一张帘幕又让这出戏的主角看不到另一出戏……因此，兄弟姐妹对父母的看法可以南辕北辙，父母对子女的看法甚至夫妻对彼此的看法也可能大相径庭。

在黑泽明执导的《罗生门》里，四个人分别从不同的角度叙述了发生在京都罗生门的同一桩命案。在迈克尔·朵瑞斯（Michael Dorris）的小说《蓝水上的黄木筏》（*A Yellow Raft in Blue Water*）里，老、中、青三代美国原住民女性雷约娜、克丽丝汀、艾达分别叙述了三人共同的生活，以截然不同的观点呈现彼此的爱恨情仇。

另一个例子是谭恩美的《喜福会》。小说描述1949年前出生于中国的四名女性，及她们在加州出生的几个女儿的故事。年轻的叙述者（四个女儿之中的一个）与"阿姨们"聊天时开始明白母亲在中国的悲惨经历，也才了解母亲为何希望下一代不忘本。叙述者说："对母亲当年来到美国时的状况，阿姨的女儿和我一样无知与不在乎，听到母亲说中文便不耐烦，瞧不起母亲满口破英文——阿姨们在我身上看到了自己的女儿。她们发现'惜福'两字对女儿不具备同样的意义，对这些在美国出生、心灵封闭的下一代而言，'惜福'不是一个词，甚至根本没有这种观念。她们惊觉女儿的下一代将看不到代代传承的梦想。"谭恩美的小说凸显了可悲的代沟，子女的观感与经验和父母的感受与用心之间距离有多么遥远！

孩子到底在想什么？

有时你可能会怀疑孩子是不是故意要伤害你，可实际状况要复杂得多。孩子有时是要看看父母能否优雅地接受子女的责怪，从而找到处世之道。在这个过程中，他会了解你的苦心、付出与心理冲突。年轻人面对挫折时，可能会用别人对待他的方式来对待父母，希望从中学习因应之道。

举例来说，青少年对社交的感受往往是羞愧、被拒绝、被轻视。读者可能在想，没错，这就是孩子给我的感受。孩子为何要这样对待自己的父母？原因之一是他想知道当他在周末派对、学校走廊或放学后被人拒绝或嘲弄时该怎么办。最理想的状况是你被孩子"虐待"时还能泰然处之，当孩子下次碰到类似情况时，能够以你为榜样。

还有一种心态也很常见：孩子常把责任归诸父母，而不责怪自己。有些孩子因性格古怪或其他问题，内心有沉重的羞愧与自厌感，把责任推给父母多少能让他减轻一些心理压力。这听起来似乎不太公平，但教养子女原本就不是付出等于回报的公平交易。通常你只能尽量付出，静观其变。

23岁的理查与父母及妹妹一起来接受我的咨询。理查有严重的社交焦虑症，无法结交异性朋友或从事较富挑战性的工作。他的头脑其实不错，但只读了一年大专便辍学，在旧金山以送比萨维生。

经过几个月的咨询，理查进步不少。其中一个重要原因是理查责怪父母让他失望、未能帮助他培养自信与自尊时，我都没有阻止。其实，理查的父母对子女关爱有加，他们当然不是完美无缺，

但所犯的错误都在正常范围内，不是病态的。虽然他爸爸可能有点太投入工作，妈妈太容易担忧，但就整体而言，我认为理查的社交焦虑并非源自教养问题，同样的教养方式对他妹妹显然没有丝毫负面影响。

或许理查的父母真的有些地方可以做得更好——这正是为人父母伤心之余最需要仔细判断之处。例如，他们对敏感型的孩子若有更充分的了解，或许能在理查的成长过程中提供更坚定的支持，但这并不表示他们不好或未善尽亲职。过去的孩子在发展自我及长大成人的过程中可以从很多地方得到助力，而非完全依赖父母的费心教养。我们时常探讨父母可以有哪些不同的做法，听起来或许有责怪的意思，但这不是我们的用意。

所以，当子女指责你犯了很多"错误"害他变成现在的样子时，请你不要太惊慌或沮丧。再以理查为例。他父母大可反驳说他们已给了儿子很好的生活，也很称职地帮助儿子。但结果呢？身为心理治疗师的我也可以对理查说："听起来你的父母犯了一些错，但从整体来看他们还是不错的父母。我想你的社交焦虑可能与生物化学因素有关，药物加上个别心理治疗应该会有不错的效果。"

但我没有这样说，因为对理查没有帮助。我们的性格中都有受到生物因素影响的部分，那就像皮肤一样，我们都必须透过这层皮肤来感知世界。有的小孩天生容易害羞、焦虑、社交退缩，与他人（包括家人）互动时可能会常感到恐惧、压力、没人关怀。如果理查的父母对这个问题有透彻的了解，也许今天理查会表现得更好。但就像多数人一样，他们不知道有哪些资源可以运用。

这不就是现今社会最大的问题——没有人愿意负责，每个人都想把责任推给别人吗？问题原来这么简单。事实是现在的父母承担了太多的压力——社会总认为孩子有问题就该算在父母头上，而现代父母却又是有史以来资源最不足的一代——不论是家族、邻居、企业和政府都鲜少提供协助。以前的家庭就像生活在丰足的生态系统里，有众多的社区资源共同提供养分，现在的家庭却孤立于荒芜的旷野。现代文化的症结是商业市场为儿童与年轻人创造了另一个世界，让父母的影响力大减，而政客与专家却一致认为校园凶杀、嗑药及年轻人的所有问题都要怪罪于父母。

这个现象在社会上并未受到重视，多数家庭也很少讨论。心理治疗师常会强调父母的错误，因为不论孩子的发展是好是坏，父母的影响都是最大的。身为心理治疗师，我的首要目标是帮助案主减轻自我厌恶的心理，然后才能解决焦虑、沮丧与缺乏目标等问题。从案主的家庭开始谈起是很合理的，因为家庭是人发展自我的重要场域。现在来看，父母虽不是唯一或最重要的影响因素，但其重要性依旧不能忽略（后面有一章专门讨论童年对你的影响）。

不要解读为只针对你

斯坦福大学心理学家弗雷德·拉斯金（Fred Luskin）发现，一个人若能在一件事情或人际互动中看到与个人无关（impersonal）的层面，就不易受伤害。容易受伤害的人往往会发展出一套"悲情故事"，进而花很多时间回顾过去，也就更容易感到委屈与难过。

拉斯金发现他的理论与方法适用于很多状况。其中给人印象最深刻的一个例子是两位爱尔兰女士，一个信奉天主教，一个信奉基

督教，两人的儿子都被人杀害。她们显然比任何人都更有资格感到痛苦与委屈，但两人都运用拉斯金在《宽恕就是良药》（*Forgive for Good: A Proven Prescription for Health and Happiness*）一书中建议的方法，最后找到了心灵的平静。拉斯金与宾州大学马丁·塞利格曼（Martin Seligman）等人的研究告诉我们，若你能原谅自己与别人，放下怨怼，对身心健康会很有帮助——这种人通常可以过得更快乐，罹患心脏疾病或心肌梗死的概率较低，也更能泰然面对失落与疾病。

宽恕的意义

宽恕并不等于对你遭遇的不公视而不见或绝不发怒，也不表示你一定要与伤害你的人保持关系（但如果伤害你的人是你的孩子，我会鼓励你努力久一些，见后面的详述）。宽恕不等于接受、原谅或尊重那些伤害你的做法，也不表示你伤害别人后可以释放自己，不必真诚努力去修补与补偿。

原谅自己与别人非常重要，唯有原谅才能重新找回你的力量，为自己的感觉负责，致力于心灵的治疗。拉斯金提出"疗愈"（HEAL）四步骤：希望（Hope）、教育（Educate）、肯定（Affirm）、长期耕耘（Long-Term Commitment）。在下面的简单介绍中，我以父母为对象略作修改。

希望

重新找出你初为父母时的理想与愿望。试以第二章最后的问题为例:

"你初为父母时怀有何种希望与梦想?"

☐孩子和我成为最好的朋友,很亲近。

☐我会比我的父母做得更好,或给孩子我没有的东西。

☐教养子女将是我生命中最有意义的经验。

☐我可以帮助孩子在学业、运动、人际关系及其他领域有优异的表现。

☐我将体验到深刻的爱。

☐_____

☐_____

你勾选的项目会反映你的核心价值与优点,直指你的本性和人生观,稍后会有更详细的讨论。

教育

拉斯金与他人的研究都发现,若我们对自己与他人的行为坚持僵化的认知,便容易陷入痛苦。拉斯金建议在教育步骤中检视你对自己与孩子的行为是否制订了"无法落实的规则",即你对该规则能否落实不太有掌控力。下面列出了大多数父母常制订的规则:

"不论发生什么情况，孩子长大后都应该尊敬我。"

"即使我犯了一些错误，孩子长大后也该看在我为他做了那么多的份上不去计较。"

"孩子长大后没有权利拒绝见我，理应依照我所希望的次数来探望我。"

"孩子长大后会排斥我或对我不好，一定是我做了很糟糕的事。"

"我把一生献给孩子，为他牺牲那么多，他没有权利伤害我、排斥我。"

检视你订下的规则

尽可能写下你想到的所有规则，然后依照"你无法掌控他人行为"的逻辑加以反驳。试以上面的例子做练习：

规则："不论发生什么情况，孩子长大后都应该尊敬我。"

反驳："我可以努力让孩子尊敬我，但他是独立的个体，有他独特的性格与观点，这不是我能掌控的。"

（当然，孩子十几岁时你多少还能掌控他对待你的方式，但随着年龄的增长，掌控力会逐年下降。）

规则："即使我犯了一些错误，孩子长大后也该看在我为他做了那么多的份上不去计较。"

反驳："我希望孩子可以看到我付出的一切，但这不是我能左

40

右的。他也许看得到，也许看不到。后者固然让人遗憾，但还没可悲到足以毁掉或左右我人生的地步。"

规则："孩子长大后没有权利拒绝见我，理应依照我所希望的次数来探望我。"

反驳："我虽然想念孩子，也希望能更常见到他，但他是成年人了，有自己的生活。应该由他自己决定要和谁见面，多久见一次，即使我不喜欢也没办法，这不是我能掌控的。"

规则："孩子长大后会排斥我或对我不好，一定是我做了很糟糕的事。"

反驳："孩子会排斥父母或对父母不好有太多理由，全部归咎于自己只会让我更沮丧。他是独立的人，有他的想法，但我未必要接受。"

规则："我把一生献给孩子，为他牺牲那么多，他没有权利伤害我、排斥我。"

反驳："我很用心教养子女，这一点我很自豪，不需要通过子女的孝顺来印证，我自己很清楚。我希望因为我的付出能让我们更亲近，但这是不能强求的。"

现在你明白这种心态的转变多么有用了吗？上述每个例子都是请你直视让你痛苦的根本观念，将之修正为让人心平气和的想法。如果你觉得上述的例子不够多，不要着急，后面会有更详细的讨

论。这需要练习，但必定能带给你丰硕的收获。

学习以健康的观念取代引发痛苦的观念是疗愈的关键，毕竟人生不如意的事十之八九。健康的观念就像汽车的减震器，让你在经过无数坑洞时——生命中不可避免的失望、被拒、受伤、失落等经验——不会受伤太重。你虽无法避开坑洞，却能用减震器减少冲击。

塞利格曼的研究显示，你对过去的观感直接影响你对现在及未来的感受。父母的痛苦往往与过去的经验有关，如离婚、未能常陪伴孩子、太严格或要求完美、曾经体罚或言语虐待，等等。塞利格曼在《真实的快乐》（*Authentic Happiness: Using the New Positive Psychology to Realize Your Potential for Lasting Fulfillment*）里说："一个人之所以无法满足现状，最大的阻碍是经常对过去怀有强烈的负面想法……也就不可能有平静的感受。只有一个方法可以走出这一情感荒原，就是重写过去、改变想法：宽恕、遗忘或压抑负面的记忆。"改写过去并不是说伤害了别人却当作没发生过，而是要培养对自己的同情心，了解你当初为何那么做。

塞利格曼有个重要的发现：对己对人心怀感恩与宽恕就能改变对过去的感受；建立充满希望、乐观态度与信心的人生观，则能改变对未来的观感。也许目前的处境让你觉得很艰难，但请不要气馁；即使你的性格或经历让你不容易抱持感恩、希望与乐观的态度，还是可以慢慢培养。塞利格曼的研究稍后还会谈到，现在先回到拉斯金的最后两个步骤。

肯定

请回头检视第一个步骤——希望，然后肯定你对孩子及自己曾抱持的正面的意念。不论后果如何，一定要肯定这美好的初衷。为什么？因为事情的演变通常不是我们所能掌控的，我们能掌控的是对自己的感受。在这个步骤里，你的目标是不要因孩子的指责而伤心委屈，要记住你的立意是好的。

举例来说，很多父母都有一个共同的希望：

"孩子和我成为最好的朋友，很亲近。"

19岁的蕾芭在父母离婚时站在母亲那边，过去一年半来父亲杰弗瑞与女儿很少接触。难得见上一面时，女儿总是对父亲表现得疏远又轻蔑。虽然女儿没给他好脸色，杰弗瑞仍努力表现得开心，帮她支付大学学费，尝试弥补过去的错误。但杰弗瑞需要别人帮助他肯定自己的核心价值，亦即以身为一个好父亲而自豪。因此他不仅要检视初为人父时自己所抱有的希望，而且必须确定他过去与现在一直是一个好父亲，虽然女儿给他的回馈很少。

你要牢记自己做得好的地方，时时想到初为父母时的善念或核心价值。下面的练习请你写下自己作为父母的优点或核心价值。

我作为父母的价值

自我肯定的疗愈练习

勾选与你的现实相符的句子：

□我很爱孩子（这确实值得称许）。

□我努力弥补过错。

□我很用心。

□我为了避免将过去的痛苦转嫁给子女而求助心理咨询师。

□为给孩子提供最好的帮助，我读过教养类的书籍杂志，接受过相关咨询，也和儿科医生进行过讨论。

□我在金钱方面为孩子付出不少。

□我也在其他方面为孩子做出牺牲。

□我比我的父母更称职。

□我为了保护孩子不因父母离婚受伤而勉强维持婚姻。

□我为了保护孩子不因貌合神离的婚姻受伤而离婚。

□我努力克制自己不去批评现任或前任配偶，虽然他（她）一直在破坏我和孩子的关系。

□孩子能够以我为榜样，学习追求成功、有创意、健康的生活方式，学习做一个聪明、努力、有自制力的人。

□ _____

□ _____

□ _____

□ _____

□ _____

□ _____

在纸卡上写下自我肯定的事项，带在身上，每天看两遍。当你感到难过、内疚、懊悔时可以多看几遍。为什么？因为人脑一次能想的事情有限，若你积极输入正面的事实或记忆，也就没有多余的时间与空间容纳负面的想法。

塞利格曼与其他研究人员，如斯坦福大学的大卫·柏恩斯（David Burns）、宾州大学的亚伦·贝克（Aaron Beck）发现，积极反驳负面观念能让人快乐。塞利格曼的建议是，你不妨把反驳负面观念当作是在另一个人（如孩子）面前为自己辩护。当然，你的辩解都是在心里对自己说的，不是真的对孩子说（稍后会讨论该对孩子说些什么），现在在做的是帮助你打赢内在的战争。反驳负面观念有一个方法是仔细检视证据，这又回到拉斯金说的自我教育上，要认清有哪些观念是你无法掌控的，这类观念通常都建立在很片面的认知上。

长期耕耘

最后一个步骤是尽力补偿你伤害过的人。对杰弗瑞而言，这意味着他应努力维持父女关系，竭尽所能保有这个女儿；对康妮而言，则意味着应弥补过去所犯的错误，改善与女儿的沟通，取得她的信任，此外，康妮还必须远离酒精，积极实施十二步戒酒法（12 step program）。这个步骤需要长期付出，还要培养新的能力，如处理愤怒的情绪和悲观的心态，过上乐观、健康的生活，学会沟通技巧、静坐、解压方式等，通过每天一点一滴的努力来治疗过去的伤痛，创造美好的未来。

感恩

专家发现培养感恩的心会让人更懂得珍惜人生，对过去与未来的伤痛更具免疫力。感恩的心为何有这么大的力量？

· 心怀感恩能让你记得自己曾做对的事情和生命美好的一面，幸福、放松的感觉油然而生。

· 感恩让你专注于当下，而不会老是想着你无法掌控的事情。

· 感恩让你觉得更有能力解决问题，你会注意到自己拥有什么而不是欠缺什么。

· 感恩能提升自尊，这是治疗羞愧的良方。

· 感恩让你觉得自己更有力量，只要你懂得珍惜现在，就不会耗费心力懊悔过去或担忧未来。

· 感恩几乎是所有精神修养的根本，而我们知道注重精神修养对健康、快乐、长寿都有益处。

洛约拉大学（Loyola University）的弗雷德·布莱恩（Fred Bryant）与约瑟夫·维洛夫（Joseph Veroff）在这方面很有研究。他们提出一种培养感恩之心的技巧，叫做品味能力（savoring），意指找出一种正向经验，尽力撷取其中的每一份美好。这与多数人的本能反应大相径庭，毕竟我们身处物质主义当道的文化背景中，总以为下一个会更好；当下一个来临，却又不满意，深信一定还有更好的下一个！品味能力让人更快乐，更加珍惜过去或现在的小小成就与正向经验。培养品味能力的方法是：

·与别人分享你的正向经验：与人分享会让你的经验更加真善美，更有人情味。别人与你同感喜悦时，你会觉得那些经验更真实。

·累积美好回忆：这里提供两个简单的方法，就是看看开心的照片或记下愉快的经历。一定有某次假期或某个成就让你最快乐，不妨经常拿出来回想，细细体会当时的情景或感受。但要注意只选择绝对正向的记忆，避开掺杂矛盾情绪的照片或记忆。

·赞赏自己：骄傲是对抗羞愧与沮丧的良药，仔细回想过去或现在的成就对提升自尊心很有帮助。尽量在自己或亲密的人面前自夸，爱你的人希望看到你活得那么快乐与自豪。

·活在当下：完全不去想过去或明天应该做的事。

练习：列出你的品味清单

写出让你一想到就快乐的成就、回忆或事件，找出你最喜欢的照片——可能是某次假期或其他事件。切记，必须是绝对正向的记忆，遵循以上方法，每天做两次。

面对指责或批评时的一般原则

孩子很可能会对你的教养方式有轻微或严重的不满。有些批评会让你们的关系更亲近，但也可能让你们更疏离。子女的批评对任何父母来说都是艰难的挑战。很多人的反应是"我已经尽力而为了，你不满意我也没办法"。如果你能泰然处之（虽然有些批评并

非事实），就必然更有机会维持亲密健康的亲子关系。

　　下面为读者提供了面对指责或批评时的一般原则，主要是适用于你与青少年或成年子女在沟通或互动上有明显问题时。我当然不认为家人间发生任何大小问题都得依照下列方式讨论或协商。例如你有时必须要求年幼的孩子遵循规定，没有商量的余地。此外，你可能会有几年的时间一直觉得孩子在故意挑起你的内疚心理，因此认为沟通不会有任何效果。我可以理解，但就如爱因斯坦所说："制造问题的思考方式绝对无法想出答案。"考量下列建议时别忘了这句话。

　　当孩子的话让你感到很难过或很委屈时，要以温和的方式让孩子知道。

　　指责："我小时候需要你的时候都得不到关爱，你只想到自己！"

　　你很想说："你这个忘恩负义的小子！你知道我为你牺牲多大吗？"

　　你应该说："我不知道你有这种感受，听了让我很难过。我知道这件事对你很重要，我很高兴你愿意说出来。"

　　当你自觉激动到难以进行建设性的对话时，务必在情况恶化前告诉孩子。

　　指责："我觉得你真的是很不称职的父母，我要让你知道那些年我是怎么过的。"

你很想说："我宁可跳楼也不想和你讨论这种事。"

你应该说："听了你的话，我一定会忍不住想辩解，你何不写一封信给我，等我好好思考几天，会想得比较清楚。"

不要文过饰非，诚实以对才有机会弥补伤害。

指责："父亲发飙时，你从来没有保护我，我觉得你们两个都不是好父母，你们让我长大后根本无法建立健康的人际关系。"

你很想说："不要自怨自艾了，你想知道真正凶恶的父亲是什么样子吗？试试我小时候的生活你就知道了！和我的童年相比，你根本是小巫见大巫，至少你还有爱你的母亲，怎么能怪我让你无法拥有健康的人际关系？"

你应该说："你说得对，父亲虐待你时，我没有提供足够的保护，我觉得很难过，让你受委屈了。"

孩子抱怨之后几日，应由你主动提出讨论。

你很想说："如果你没有提起，我也不会想谈。打死我也不想再提了，你以为我喜欢惹得一身腥吗？鬼才喜欢！"

你应该说："上周谈过之后你感觉还好吗？我很高兴你主动告诉我你的感受。我想你肯定也觉得很难开口，你还有其他想法吗？只要你愿意，尽管找我谈，大门永远为你敞开。"

尽可能认可孩子的说法，即使你只同意其中一小部分。

指责："你总是那么不耐烦！"

你很想说："你永远长不大吗？真对不起，我不是完人。"

你应该说："我有时候的确很没有耐性，我能理解那可能让你觉得不被关怀"，"也许真的是这样"或"我很抱歉"。

如果你完全不同意孩子的说法，也要在感情上表现同理心而不必指出他的错。

指责："我真的觉得你没有把我放在心里！"

你很想说："我为你做了那么多，一天到晚开车载你，要什么就买给你，让你拥有我自己不曾拥有的东西，最后却竟然得到这种回报！"

你应该说："我很遗憾事情变成这样。我最不乐意见到的就是让你以为我不关心你，这绝不是事实，是什么事让你产生这种感觉？"

孩子之所以会抱怨也可能是为了亲近你，虽然表达的方式很伤人。

你应该说："我知道要说出这些话很不容易，我很高兴你愿意对我敞开心胸。"（当然，你内心不可能真的高兴，反而可能觉得被背叛、被伤害或内疚。但你必须记住，孩子的目的不是伤害你，而是要增进和你的关系。）

读者应该发现，处理孩子的指责与批评需要很大的自制力。亲子之间可能必须持续很长的对话，才能开始进行改变与疗愈。不要因为痛苦便避谈问题，要让孩子知道你愿意随时沟通，直到找出解决的方法。若没有方法解决，也要表明你很高兴孩子提出问题与你交谈，你很愿意继续沟通。

你必须具备减轻内疚与忧虑重担的能力，这是展开心灵疗愈很重要的一步。我所说的亲子沟通可能迥异于你和上一代的沟通方式。今日的父母格外需要高度的理解能力与圆融的处理能力，这是过去少有的现象。这一压力无疑与现代的教养标准有关，了解这点才能对自己做出健康的自我评价。

下一章我们要暂时走出父母的内心世界，检视父母身处的社会与历史环境。

5. 21世纪的新好父母

——忧心忡忡的称职父母

现在许多教养杂志经常在教人减少忧虑，我的建议是不要再读那些杂志，也不要看新闻。

不要听广播、上网、看报纸、看谈话节目、上书店……许许多多的声音、影像、专家、学者、牧师、政治人物与广告都在告诉你：孩子的人生路上随时可能碰到死亡、伤害、自尊低落、学业不如人等各种问题。你大可视而不见，充耳不闻！他们都在传递类似的信息：你必须时时提高警觉关注与教育孩子，才能给孩子提供足够的保护与照顾，但前提是你必须真的关心孩子。这是什么话？你怎么可能不关心？

下面列出了一本流行杂志中读者的提问与专家的回应。

问：我在成长过程中别人常嫌我丑，因此我会经常称赞3岁的女儿很漂亮。朋友说这样会让女儿患上"大头症"（民间俗语，指一个极端虚荣的人肤浅而强烈的炫耀狂），到底怎么做才对？

专家的回答是不应过度赞美，以免让孩子误以为"外表重于一切"，因此"偶尔"赞美就好。此外，为求平衡，有时可以赞美孩子性格方面的优点，"鼓励她做一个聪明、风趣、坚强、勇敢……的人"。

我个人撰写教养与婚姻专栏多年，其实很少持批评态度。但这种例子很常见，读者提出一个很普通的问题，专家的回答却引发更多疑问。例如，前面说可以偶尔赞美，但什么叫"偶尔"？怎么知道你的做法已逾越"提升自尊"的界线，变成鼓励自恋？一个3岁小孩的表现怎样才算"大头症"？

"鼓励她做一个聪明、风趣、坚强、勇敢……的人"说得头头是道。但那位母亲只说担心过度称赞女儿，并没有说她完全不知道如何为人母。况且到底要如何鼓励3岁的孩子让她变得风趣？"宝贝，别梳头了，赶快来练习脱口秀！""乔安妮，别忘了你今天要在幼儿园模仿女星莎拉·席维曼（Sara Silverman）给小朋友看，不雅的部分不要学。我每年可是花两万美元送你去那里，一定要弄一张漂亮的推荐函才能上一流的幼儿园！赶快去练习吧！不，不要对着镜子！免得患上'大头症'！"

儿童的生活品质在20世纪有了前所未有的提高，今日的父母却个个变成"紧张大师"，老是害怕在教养方式上犯下一丁点错误，或是盛怒之下讲错一句话便毁了孩子的一辈子。许多年轻妈妈要求丈夫跟着读遍每一本关于怀孕、儿童早期发展、如何教出优秀孩子的书，否则就像犯了虐待儿童罪。很多父母深信必须紧盯着孩子从

幼儿园到高中每一年的成绩，否则便挤不进愈来愈窄的大学之门，失去愈来愈少的就业机会。

今日的父母对子女感到内疚而自责，是因为他们必须外出工作，或让孩子承受父母离异的痛苦，或没有更多的时间与金钱可以投注在孩子身上等。随着离婚率节节上升，很多人相信亲子关系才是最重要的。于是他们将全部心力放在子女身上，疏于经营婚姻，当然会造成离婚率居高不下。这么多的忧虑、内疚、超高标准到底是从哪里来的？

新的家庭模式

20世纪20年代后，随着家庭模式从权威走向民主，亲子间的界线也出现巨大的改变。从正面看，这创造出亲子间前所未有的亲密与友谊。现在很多年轻人大学毕业后回家与父母同住，除了经济因素，也因为他们真的喜欢和父母相处。这很让人惊讶吧！

教养态度的改变对孩子来说固然是好事，却也让父母和子女对如何适当运用权威、维持彼此的界线感到困惑。孩子在家庭里的地位愈来愈高，乃源于许多因素的交互作用。这些因素包括家庭的民主气氛，教养建议的普及，常凸显儿童脆弱的社会文化，现代父母较重的内疚感，媒体与市场对专属儿童区域的塑造。这些因素让亲子双方的地位愈来愈平等，让现在的孩子可以用过去不曾有过的方式评断、排斥、羞辱自己的父母。

都是父母的错

20世纪30年代中期，大多数美国母亲一年至少阅读五本教养类手册或书籍，至少订阅一本育儿杂志。这类刊物探讨的主题与今日的教养杂志差不多，不外乎探讨如何处理孩子的情绪变化、手足之间的竞争、尿床、睡眠问题等。

有关教养的建议自古有之，但到了20世纪30年代中期，重点明显转向将孩子的问题归咎于父母。这个改变对教养观念有很大的影响，也严重侵蚀了父母对自己教养能力的自信，无形中鼓励了父母们求助医学与心理专家。

现在很多人将成人的心理问题与父母的教养错误连在一起，这与弗洛伊德很有关系。他的许多观念至今都已成为日常用语。（例如当某人说"那个家伙有很强的肛门性格！"时便引用了弗洛伊德的观念，即过度严格的马桶训练造成保守或偏执的性格，但这并不是事实。）

随着弗洛伊德的观念日益普及，冷静客观的专业意见渐受青睐，与浪漫主义对儿童的温情看法大不相同。1928年，行为科学家约翰·华森（John Watson）宣称，只要技巧得当就可运用他的科学方法将子女塑造成父母希望的样子，因而声名大噪。这项大胆的说法引起了社会关注，人们对父母的影响力产生前所未有的信心。华森说：

> 如果你给我十二个健康的婴儿，让我在特定环境中抚养长大，随便选一个，不管他的天赋、偏好、倾向、能

力、志向或种族如何，我保证都能将其训练成我要他们成
为的任何一种人——医师、律师、艺术家、企业家，甚至
是乞丐和小偷。

华森的这套说法是以洛克的哲学观为基础的。洛克认为孩子来
到世上时就像一张白纸，有待父母及他人的塑造，但华森的主张更
为极端。父母若要达到他的超高标准，必须遵守严格的喂食时间
表，只提供少量的爱与关怀。华森相信，只要严控赏罚就能教会孩
子不哭不闹（那该多好）。华森是现代父母失去安全感与自信心的
重要推手，他与弗洛伊德都主张孩子的成败完全在父母的掌控中。

这套刻意保持疏离的育儿方法引起不少父母的反感。班杰
明·史波克（Benjamin Spock）便抓住这个心理，提出柔性的慈爱
教育。1946年，史波克撰写的《育儿宝典》（*The Common Sense
Book of Baby and Child Care*）出版半年便售出75万册。史学家
史蒂芬·敏兹（Steven Mintz）在《哈克的筏子：美国人的童年》
（*Huck's Raft: A History of American Childhood*）里说："喀尔文教
徒认为孩子是原罪的结果，行为主义学家主张母亲'绝不可拥吻'
孩子。史波克则不同，他鼓励父母相信自己的本能，多和孩子说话
玩耍，尽情给孩子关爱。"史波克满足了大众对柔性教育的渴望，
但并没有改变那种观念——人们依旧相信父母的小失误可能毁掉子
女的一生。

孩子坐上谈判桌

整个维多利亚时代（约1837到1901年），除了贵格派（Quakers）与原住民外，美国父母的教养观都建立在内疚、羞愧和痛苦之上。到了20世纪逐渐演变成重视与孩子讨论，帮助了解其行为与动机。人们认为必须培养孩子的"内在控制力"（internal locus of control），将来才能适应官僚体系、大企业、管理阶层等复杂的社会环境。当然，如果生活在自给自足、与世无争的乡村，需要培养的可能是另一套能力。

过度重视孩子的内心世界也有缺点。父母担心家庭内外的经验会对孩子造成负面影响，因而在20世纪五六十年代开始要求学校一起努力维护孩子的自尊。在这样的压力下，学生的成绩愈来愈好：D变成C，C变成B，B变成A。到2001年，哈佛大学94%的学生以优异的成绩毕业（那可怜的6%）；同年，加州有些学校致告别辞的毕业生代表多达40人（传统上只有1人）。这显然是在安抚，或者说收买那些担忧孩子心理受伤的父母。

不仅如此，体育教练也在每一季结束时给孩子颁奖，不论输赢，通通有奖。20世纪之前的父母相信，最酷的竞赛与辛苦的准备能让孩子变得更坚强，现在的父母却担心与同侪比较会让孩子感到气馁、受伤，没有安全感，也怕自己没有尽一切力量帮助孩子培养与保护自尊。

病态的母亲

进入20世纪，更多责怪是父母造成子女行为问题（很多都是不正确的）的理论出现了。极具影响力的儿童心理学家布鲁诺·贝托汉（Bruno Bettelheim）便说，孩子有自闭症是因为母亲对孩子太冷淡，甚至称之为"冰霜母亲"，因为她们很少对自闭儿微笑或与其互动。现在我们知道自闭症是遗传疾病，因母亲的冷淡引发孩子目闭反应的行为很少。

同样，也有人认为母亲要为子女的精神分裂症负责。这种疾病常发于青春期。葛雷格里·贝特森（Gregory Bateson）认为是因为母亲采用双重沟通方式（double bind communication）造成的。20世纪70年代我还在读大学时，这套理论很流行。意思是孩子是被父母（尤其是母亲）弄疯的，因为父母同时发出互相矛盾的两种指令，如"走开""别走远"。这种教养方式也许会让人焦虑，但目前看来，这种教养方式绝不足以引发具有高度遗传性的精神分裂症。充满压力的家庭环境或许较容易促使有遗传基因的人表现出病征，但不等于是父母导致孩子生病。

其他学科也加入责怪父母的行列。人类学家玛格丽特·米德（Margaret Mead）说："文化有系统地将后天的行为表现综合起来，由父母传给子女。"听起来似乎很有道理，但现在我们知道孩子会通过很多渠道吸收文化价值，父母只是其中之一。如果是年龄较大的孩子，同侪的影响力甚至超过父母。

家庭里的危机

20世纪初，许多新的家庭危机受到关注。到30年代，每年有3万人因电流、冰箱及其他电器产品而丧命，其中很多是孩童。母亲同样成为众矢之的。举例来说，1947年一名红十字会官员说："预防家庭意外主要是家庭主妇的责任。"人们开始注意交通安全，许多父母都会将孩子关在家里。第二次世界大战时，"意外"名列儿童死因榜首。史学家彼得·史登斯（Peter Steams）在《焦虑的父母：美国现代家庭育儿史》（*Anxious Parents: A History of Modern Childrearing in America*）中说："……风险与意外的观念也被赋予不同的定义，人们几乎明白认定意外不是真正的意外，而是父母的疏忽。"他指出，相比之下，19世纪的书籍多半提供健康与品格方面的教养建议，意外基本上被视为不可避免。

广播、电视与社区犯罪

20世纪30到50年代，有很多人担心广播会腐化人心，这种心态与今日电视、电影与网络引发的忧虑很类似。史登斯引述1933年《史克里伯纳杂志》（*Scribner's*）的一篇文章："我希望孩子至少晚几年知道怎么抢银行、把船弄沉、射杀警察，了解不忠的代价、闯荡都市丛林的危险及吸毒的可怕后果。"1945年，美国只有5 000个家庭拥有电视，15年后，7/8的家庭以全家围坐屏幕前一起看电视为重要娱乐方式。

电视不仅具有娱乐价值，同时也将儿童可能蒙受的危险立刻传

送到观众面前，时时提醒称职的父母要提高警觉。于是人们逐渐明白，家庭之外还有很多因素会影响孩子，削弱父母的权威。

父母的不安全感恰好给媒体提供了可乘之机，媒体深谙抢占市场的方法，以下这些话最能确保观众不会转台："专家发现有一种化学物质与儿童癌症有关，想要知道你住的地区是否安全吗？一分钟后马上回来。""你知道如何避免青少年肥胖吗？不要转台哦。""你家的青少年是否因为上网而成为性猎食者（sexual predator）的目标？广告后告诉你。"（译注：性猎食者指如同猎人般寻找性对象，实施性侵犯的人。）

在电视、广播与报纸杂志上，这类信息通常归类在条列式分析里，主题可能是："增进孩子自尊的三种方法""关于大学现状不能不知道的三件事"。我建议再加一条："条列式分析最恼人的三件事。"

媒体的错误报道更是传播恐怖谣言的元凶。举例来说，与我年纪相仿的人应该记得小时候的万圣节是很独立自由的。那时的糖棒都好大，大得不得了！最棒的是不用大人陪伴，这也是为什么万圣节会那么好玩的原因。

我实在很不愿意承认，但孩子还小时，我根本不可能让他们单独去要糖果。万圣节时，我和附近的家长都会陪着孩子挨家挨户去要糖果，穿着哈利·波特式长袍，像一群托钵僧。为什么要陪？也许是因为1982年开始流传的苹果里藏有刀片的报道。大家愈来愈觉得外面的世界不可信任，包括家附近。要做个称职的父母，就必须提高警觉。谣传中的刀片苹果一直未出现（倒是发现一些插着大头针的苹果）。媒体的无所不及和闪电速度，足以让罕见的事件继续引发恐慌，变得极具威胁性。

再举一个例子。多数父母时时担忧游乐场里潜藏着绑架或性侵儿童的歹徒，这可能是因为20世纪70年代有人声称每年有5万名孩童被绑架（其实是两三百名）。媒体与本意良善的儿童权益促进团体合力煽风点火，引发不同时期的人们对不同的威胁感到恐慌：80年代中期是恋童癖集团和儿童色情业，90年代是幼儿园的丑闻与黑暗教派，现在则是性猎食者。

我看到不少夫妻甚至因此濒临离婚，因为他们很怕保姆会绑架、性侵或太用力摇晃孩子，夫妻俩从来不敢撇下孩子出去过二人世界。"我只是努力做一个称职的父母，但什么事都可能发生，万一真的发生了，我绝对无法原谅自己。"这就是我要说的：现在所谓称职的父母都是忧心忡忡且充满内疚的。

连玩耍都危险

父母感到内疚的另一个理由是无法让孩子在父母的监督下享有许多乐趣与自由，如万圣节。如果今天某位母亲告诉别人，她10岁的女儿和朋友骑自行车出去玩了一天，但她不确定女儿在哪里，可能会有人跑去向儿童保护局通报这位母亲置孩子于危险之中。

父母不仅担心孩子离家在外的安危，也担心安全玩耍的地方正快速消失。在20世纪80年代初到90年代末这个短短的时期内，户外活动与自由玩耍的机会减少了40%。很多草地、森林、空地都随高楼大厦的腾空而起与安全问题一同消失，再加上美国人口在1900年

到1950年间增加了一倍，1950年到2000年又增加了一倍，也使得活动空间大幅减少。

随着公共空间愈来愈少与危险的日益增多，孩子被迫长时间待在屋檐下，这是过去不曾有过的现象。此外，大家庭的式微意味着家庭内的玩伴减少，孩子的很多娱乐活动变成要父母来提供。父母也自认有这个责任，因为他们为孩子的生活变得如此呆板与单调感到内疚。很多父母为了让孩子有休闲娱乐的时间，已完全不要求孩子做家务事。现在的孩子不是单纯地玩，而是有玩耍日。到底什么是玩耍日？就像聚餐日一样，只是把餐点换成乐高积木。

父母提供娱乐的能力成为子女评判父母的一项标准，不幸的是，这也是父母拿自己与别人比较的标准。例如我们居住的珠湾区，冬天一到，各个家庭和广告商便开始大谈太浩湖（Lake Tahoe）滑雪的乐趣。我成长的岁月大半在平坦的南俄亥俄州度过，滑雪技术乏善可陈。但我家的孩子常听到同龄人谈起周末去云浮滑雪，住山上的度假屋，使用最新的单板滑雪（snowboarding）设备，又有哪家的父亲多么耐心地陪孩子滑遍塞拉郡（Sierra）的美丽山径。

我当然感到有压力。我告诉孩子我搬到加州的部分原因是要永远告别冬季与冰雪，但他们并不买账。孩子也不同情我愈来愈深的中年恐惧——唯恐不慎扭伤或骨折将永远无法走路、跑步或跳康加舞（conga）。

在孩子眼中，我不只剥夺了他们好玩的经历，也让他们无缘参与同侪的团体活动：该活动的重头戏是弯道表演、U型管旋转和高空特技（我完全不知道那是什么）。这会让孩子感到己不如人，我也会因为孩子与别人地位不等而觉得己不如人。

于是我们开了4小时的车去太浩湖，主要是因为我不希望看起来像个不尽职的老爸——这里的爸爸显然都尽职得不得了。玩雪的确很有趣，营造美好的亲子回忆也很重要，但没有按照孩子自认为理所当然的标准提供娱乐并不算失职。

当孩子抱怨"好无聊"，虽是在表达主观的感受，却被视为评判父母的能力与价值的标准。子女可依据父母提供多少机会来决定回报多少爱与尊敬，将来还可以怪父母害他变成这样或没有变成那样（不论这是不是事实），可以将父母没有提供"发展机会"解读成比实际上的影响更深远。

父母参与孩子的活动也反映出这种心理。举个例子。在史蒂文·斯皮尔伯格执导的《虎克船长》（Hook，根据《小飞侠彼得·潘》改编）中，虎克船长为了讨好迈克尔安排了一场棒球比赛。轮到迈克尔上场时，虎克船长这样激励他："为了小时候父亲缺席的每一场球赛！"那孩子慷慨激昂地大吼一声，击出全垒打。

这真的是从一个极端走向另一个极端。以前的孩子必须努力赢得父母的爱与赞赏，今日的父母却担心因为自己不够好得不到孩子的爱与尊敬：怕自己不够关注孩子的心理，不够敏感，不够有趣，不够"投入"。父母担心真实或想象中的教养错误，有一天反而会成为心中的阴影，这份担忧往往不是没有根据的。

孩子的世界

现代父母愈来愈觉得要为孩子负责，具有讽刺意味的是孩子却愈来愈受到父母无法掌控的因素影响。如同敏兹所说的："……最重要的发展是社会化的过程日益受到家庭以外的因素影响。学校、教会、电视与商业市场给孩童与青少年提供了另一个世界，其中有些文化的内涵与经验只有同龄人能共享，父母乃至较年长的兄妹都被排除在外。"史学家史蒂芬妮·库恩兹（Stephanie Coontz）在《美国家庭的演变》（*The Way We Really Are: Coming to Terms with America's Changing Families*）里提到，青少年玩的游戏与其父母在工业时代以前玩的差不多。这句话现在已经完全不适用了。

儿童消费者

现在的孩子购买欲强又握有现金，加上充满内疚的父母急于满足孩子，其中蕴藏着庞大的商机，此经济效益在20世纪逐渐显现。美国厂商每年花150亿美元向儿童行销，儿童每天观看110则广告；7到16岁的孩子半数有手机，25%的两岁幼儿房间里有电视。2001年，美国10到19岁的女孩总共花了750亿美元的零用钱，还不包括父母为她们买东西的花费。2002年，4到12岁孩子的消费额比1989年高出4倍。

营养焦虑

由于现在的父母对杀虫剂与营养不良的影响有了更多的认识，也就更担心没有善尽职责维护孩子的健康。很多人担忧教养上的小失误会造成孩子永久的伤害，这个观念已深入人心，也成为媒体经常报道的主题。

现在则变本加厉。例如《芝麻街》节目里有个广受小朋友喜爱的人物叫"饼干怪"，嗜吃饼干，最近饮食习惯也改变了。报载现在他"饼干有时吃吃"。该节目的研究暨教育部副总裁说："我们要教导他适可而止。"

拜托！

把"饼干怪"对饼干的嗜好改成定时定量，也改变不了小孩的饮食习惯。就像一位专栏作家所说，那个蓝色布偶喜欢吃任何长得像饼干的东西，那是不是表示我们也应该劝告小朋友不可以吃垃圾桶盖、飞盘和盘子？

离婚的影响

美国人的离婚率从20世纪50至70年代节节升高，女性重返职场的人数创下新高。由于无法给孩子提供更高品质的生活，许多父母感到内疚与焦虑，尤其是职业妇女。

70年代离婚率大幅飙升的原因很多，如相关法令松绑，离婚去标签化，同居，女性掌握较大的经济权力，新的观念强调在婚姻里应追求个人的快乐与价值的实现等。

家庭内部若是冲突不断，离婚对子女可能反而是好事，但离婚率提高也使得亲子分开或疏离的问题更加普遍。孩子有时会站在其中一方与另一方对立，或者将离婚的责任加诸其中一人身上。这些因素都可能会减损孩子对其中一方的感情、忠诚与尊敬，这些将是第九章讨论的主题。

经济问题与父母的心结

贫穷地区的父母不仅要为孩子的前途担忧，也担心孩子惹上帮派。史学家库恩兹说："过度强调父母对子女发展的影响，对低下阶层的父母尤其不利，因为研究显示，社会经济地位低下的父母对子女的影响不及同侪或中上阶层的父母。"

看着孩子面对竞争日趋激烈、机会日益减少的未来，这些父母更加恐惧与绝望。他们的孩子无论是求职或申请大学（如果能读到那么高的话）都要与众多学习条件更佳的孩子竞争——有些人光是读幼儿园一年的学费就高达两万美元。经济压力也可能影响教养品质，让父母更容易产生内疚感，将来更容易被子女指责为过度严格、易怒或没花心思照顾孩子。不论是被子女指责还是自我指责不够称职，都会引发父母强烈的羞愧感。下一章将探讨这些感觉的内涵及因应方法。

6. 充满羞愧感的父母

——你不必默默承担

对羞愧愈了解，愈能感受喜剧的深度。

——唐纳·纳森逊，《羞愧与骄傲》

（Donald Nathanson, *Shame and Pride:*

Affect, Sex, and the Birth of the Self）

汤米难得一天安静不吵闹，波莉希望这种情况能慢慢成为常态。经过一连串评估后，汤米最近被诊断出患有暴躁型人格障碍（Explosive Personality Disorder）。波莉期待学习照顾他的新方法，以后日子就不会那么辛苦。今天汤米到目前为止还不曾发作，这已经让波莉感到万分庆幸了。

就在波莉要走出商店时，事情还是发生了。汤米突然尖叫："我不管！你没有买土豆片！我要土豆片！"波莉绕过农产品区，像奥运选手一样以接近世界纪录的速度冲向柜台。"天啊，拜托不

要在这时候发作。"她心想，"拜托在九级强震发生前让我逃离这家商店，我受不了。千万不要是今天！"

"妈妈，买土豆片！我要土豆片！"

她努力让自己镇定下来，环顾四周，看看今天有多少被吓到的路人会对她进行"审判"。"乖，家里还有土豆片，记得吗？我们昨天才买过。"

"不要！我讨厌那个牌子，我要好吃的牌子。你答应过要买好吃的牌子！"他的尖叫声足以和电影《大法师》里的琳达·布雷尔（Linda Blair）媲美。

"汤米，家里有好吃的那种。"波莉假装镇定，其实慌乱的情绪逐渐涌了上来，她真想把他的小手捏扁。"记得吗？昨天是你自己挑的。乖，我们回家煮一顿好吃的晚餐，你也可以帮忙。"

"不要！家里的土豆片很讨厌，你也很讨厌！又胖又笨！我要土豆片！"

许多客人经过她身旁，脸上戴着嘲弄、轻蔑、怜悯的面具。

波莉忍住丢脸的感觉，貌似镇定地走向放零食的架子，上面有引发争执及富含甘油三酯的土豆片。她说："汤米，你不能骂妈妈。你忘了先前和爸妈说好的，不可以骂人。"

哈莉叶住在旧金山富裕的郊区希尔斯布洛（Hillsborough），这是幸运，也是不幸。她18岁的女儿今年要上大学，因此哈莉叶和姐妹淘聚餐时，话题不免围绕着大学入学考试、大学申请进行，当然还有谁家的孩子读哪所学校。

哈莉叶大学时代的死党玛琳说："莲欧娜申请布朗和耶鲁都通

过了，她还没决定进哪一所。"

哈莉叶一边用镶着红宝石的刀切开肋排，一边说："哇，好了不起哦！你一定高兴得不得了！"

另一位朋友凯瑟琳说："瑞克申请五所学校，只通过一所——加州伯克利！"

"伯克利？"哈莉叶为自己倒了第四杯酒，她知道这让人眩晕的对话将转移到她身上。"听说伯克利现在超难进的。"

"巴比也要进伯克利。"哈莉叶在阅读俱乐部的朋友康斯坦丝说："他和瑞克讨论要住同一间宿舍。他可以选安默斯特学院或奥伯林学校，他比较喜欢奥伯林，因为那里的音乐课程比较强。"

"贝琪要读哪里？"女儿同时申请耶鲁和布朗大学获准的那位母亲问。

"都没录取。"哈莉叶耸耸肩，意思是"还能怎么办"。

"噢，真遗憾。"儿子同时可以上伯克利、安默斯特或奥柏林的母亲说。

"是啊，她的入学考分太低，平时成绩也不好。我们要她多申请几家，她偏偏只申请了一所。"

"她明年可以再申请。"其中一位朋友说。

"是啊，这段时间她可以再强化一下。"另一个朋友说。

哈莉叶心想："说起来简单，问题是她没有半点上进心，长期忧郁，又有严重的学习障碍，还需要一个家教每天盯着她做功课，事实上从她读小学三年级开始就一直是我在盯着。"

朋友都知道贝琪比较麻烦，但没有人知道这个女儿让哈莉叶多么伤心、丢脸，尤其是住在这么高级的社区。尽管哈莉叶很努力要

做一个好母亲，却一再遭受挫败，贝琪无法上大学只不过是再添一桩打击罢了。

现在社会对父母的要求较高，因此过去30年来，羞愧成为很多父母的心结。看到自己的孩子任性胡闹，行为不检，发展不顺或行为怪异，和别人一比较（尤其是那些看起来较有成就或适应力较佳的孩子），不免感到丢脸。再加上现在的孩子在家中的地位愈来愈高，让父母更有机会被子女羞辱。

这类父母往往只能在黑暗中独自承受，因为将羞愧感说出来可能招致批评，加深孤立感。本章将以同理心探讨这个问题，并提供因应的建议。

内疚VS.羞愧

内疚是自认做错事情，如贬抑孩子、自觉做得不够或没有参加孩子很重视的活动而感觉惭愧不安。但一个人感到内疚时，还是能对自己的良善本质深信不疑，而且内疚蕴含着修补的机会。你可以说："我很抱歉那样对你，我应该怎么补偿你？"

羞愧常和内疚交织在一起，但羞愧并不是认为自己做错事，而是认为自己本身就不好。有时羞愧不仅是正常、可预期的，从演化的角度来看甚至是必要的。人类是社会化的动物，会发展出羞愧心是为了在团体中能够生存与茁壮成长；欠缺此能力的人较容易做出违背团体规范的行为，也就可能被惩罚排斥。因此，羞愧常带有社会意蕴，亦即让别人看到或感到你有缺陷。

对很多人而言，升格为父母代表有机会无条件地爱人与被爱——完全不会戴上羞愧的沉重枷锁。如果小时候曾自觉有很大的缺陷，缺少爱，深怀恐惧，因而自认不是一个很健全的人，也能借由这个机会弥补。很多父母抱着自己的孩子时，融二为一的快乐油然而生，觉得两个生命毫无隔阂。婴儿的天真与依赖，会让父母感觉自己是完美、有价值、被需要的。

但孩子渐渐长大后，教养工作会愈来愈棘手，因为孩子将更有能力排斥、羞辱父母或让父母丢脸，带来的伤害更大。幼儿闹脾气也会让人不知所措。相比之下，青少年或成年子女更能直接刺伤你最脆弱的地方，从根本上动摇你的自我认同与自尊。

分离带来的羞愧感

举例来说，青少年常会为了切断对父母的依赖而排斥父母，其中一个通常的做法就是让父母觉得自己不够好。他们表示："你又没有多好，我何必依恋你、依赖你？"

婚姻专家约翰·高特曼（John Gottman）发现，从是否轻视配偶就大致可预测出这对夫妇是否会离婚。因为配偶的轻视会让人产生强烈的羞愧感，觉得自己不够好，每天活在羞愧中当然不会快乐。精神医学专家珍娜·吉科特-葛雷塞（Janet Kiecolt-Glaser）发现，一直被配偶轻视的人免疫力会下降。因此当一个人对配偶说"你让我生病"（You make me sick）时，并没有夸张。上述两位专家谈的是婚姻，但同样的情形很可能也适用于亲子关系，甚至影响更大。试想，还有什么事比长期被子女讨厌或轻视更痛苦？

　　我有一些朋友、同事或案主看起来非常健康稳定，却因为不断受到孩子的蔑视，几乎被击倒。每天他们在与子女的互动中接收到的信息是自己真的有严重的问题。有的父母可以安全避开这类攻击，也有人因此而遍体鳞伤。有位母亲便说："我儿子让我觉得我是世上最愚蠢没用的人，每次和他互动都让我陷入沮丧。我只能期待他长大搬出去的那一天！"

　　即使在子女离家后，这种不愉快的关系仍有可能持续下去。在没有电话、手机和电子邮件的时代，父母可以安慰自己，子女没有消息是因为路途阻隔。但现在不同了，没有音讯代表完全不同的意思。当子女没有回复你的电话、电子邮件和信件时，传递的是很强烈的信息："我当然可以和你联络，但我不想。"也有成年子女虽与父母保持联系，但互动过程中充满批评、嘲弄与愤怒，让父母惊愕难解。子女传递的信息是："你的爱没有价值，你没有价值。""有价值"和"没价值"之间没有模糊地带。

　　父母与子女的需求常有相左的时候，最明显的可能是当子女表现出独立的倾向时。即使子女不是以激烈的方式与你分离，分离本身就能让人产生羞愧感，尤其对那些本来就自觉不够好的父母而言。有些孩子到一定年龄时，会突然不再与父母那么亲密，而逐渐将朋友视为情感与意见的重心，我看过不少父母因此深受打击。不幸的是，就像任何亲密关系一样，父母的反应若是反过来羞辱孩子或摆出受委屈的样子，可能会把孩子推得更远。就像一位母亲所说："我们曾经那么亲，现在她却把我丢在一旁，这个不孝女。如果她想恢复以前的关系，就自己来找我吧。"别傻了！孩子正在努力尝试不要找你，你愈是表现出受委屈的样子，她愈无法回到你身边。

青春期延长

由于现代人的青春期比以往更长，父母与青少年或成年子女的关系会变得格外复杂。宾夕法尼亚大学社会学家法兰克·弗斯坦伯格（Frank F. Furstenberg）与其同僚指出，成年的传统定义是指"完成学业，找到一份福利不错的工作，结婚生子"。现在"成年"的概念大约要延后10年。依照这个定义，在1960年30岁以前成年的男性有65%，到2000年减少到31%，女性则从77%减少为46%。

这项改变对青春期的亲子关系有很大的影响。孩子长成人的时间更长。过去被认定为13到17岁特有的行为——叛逆、羞辱、贬抑等，可能要延长到二三十岁（甚至更晚）。为什么？因为孩子还在尝试离开你。所以孩子对你不好是出于爱，不是恨。这样想是不是会让你好过一点？

形成自我认同是青春期的重要发展，现在似乎也必须经历更长的时间。原因之一是现在的父母对孩子保护过度，孩子的挫折训练太少，较难承受从家里走向独立的艰难过渡期。现在的父母把孩子看得太宝贝、太脆弱，费心保护，无微不至，孩子也自以为无法承受人生的挫折与打击。因此，精神分析大师卡尔·荣格（Carl Jung）说："患神经官能症是为了逃避理应承受的痛苦。"

作者哈若·艾斯特洛夫·马兰诺（Hara Estroff Marano）称这种现象为"温室教养"，即认定孩子只能在温暖、亲密、小心呵护的环境下才能茁壮成长。另一位作家发明了一个名词叫"直升机父母"：一天到晚盘旋在子女头上，随时准备降落下来解救子女，以免他们受到任何伤害。

现在大学的咨询中心会挤进许多求助的学生，"温室教养"和"直升机父母"可能是原因之一。有项调查指出，自1988年以来，大学咨询中心辅导对象的心理问题愈来愈严重。当然，这也可能是因为现代人的心理问题能及早发现，且心理治疗不再被视为禁忌。因此有这方面困扰的人现在也能坚持到大学毕业，且学校能比以往更积极地找出高风险的学生并给予协助。

此外，18到25岁本是精神分裂、焦虑症、躁郁症、忧郁症、人格异常等疾病的高发期。有些疾病会一直潜伏，碰到压力才爆发。大学的激烈竞争，加上交友等问题都可能造成子女沉重的压力。

另一个让父母与刚成年的子女产生羞愧感的因素是经济问题。过去的社会有较多发展机会，青少年进入成年期后，通常自信将来可以有不错的薪水养活自己。但现在的状况大不如前。因此，无论是美国本土还是海外的年轻人，许多人都很晚才离开家庭，或者短暂离开后又回到家里。

青春期延长的结果使得青少年子女、成年子女与父母的关系变得很紧张。有时父母基于"恨铁不成钢"的心理，必须设定限制才能迫使孩子走出温暖却让人窒息的安乐窝，拥抱寒冷却清新的自由生活。偏偏现在的父母把孩子看得太脆弱，未必能做到这一点。孩子若无法离家或离开又回家，亲子双方可能都会产生羞愧感。

举例来说，凯尔7岁时父母离婚，他与母亲同住。到了16岁，母亲与新丈夫搬到芝加哥，他便搬去与父亲同住。高中毕业后，他问父亲能否继续住在家里，上社区大学，存钱后再搬出去，父亲勉强同意。

然而凯尔并未实现诺言，大学读得不太顺利，一再辍学。此外，他也没有足够的毅力兼职存钱，因此一直无法独立生活。

凯尔的父亲一直为离婚一事自责，也心疼凯尔陷入忧郁之中。内疚感使他无法对凯尔设限，诸如要求他在某个时间之前搬出去，或一定要完成课业。父亲无法对儿子设限及凯尔无法追求独立的原因在于凯尔对自己如此不成材感到羞愧与内疚，父亲则为离婚感到羞愧与内疚。结果是父子俩各自对自己羞辱与责怪，形成恶性循环。这个问题在第十一章会有更详尽的讨论。

解读羞愧感

人们感到羞愧时会有不同的反应。专门研究羞愧的精神医学家纳森逊认为有四种基本反应：攻击对方、攻击自己、逃避自己、逃避别人。攻击对方能让对方没有能力批评你，或让你厌恶自己。所谓攻击可以是贬抑、批评、嘲弄或搬弄是非。有时孩子羞辱父母就是为了让自己免于羞愧，上例中凯尔便是如此。

有时这种攻击心态会演变成杀人的恶念，如科伦拜（Columbine）校园滥杀事件。心理学家朱蒂丝·瑞奇·哈里斯（Judith Rich Harris）说："校园枪击案的凶手多半曾被同侪欺负或排斥，内心受到很大的伤害，感觉自己很渺小无力。于是他们想要讨回公道，让自己感觉很强大，手中握着枪时便有这种感觉。"纳森逊的分析与哈里斯不谋而合："……最大的痛苦是感觉自己弱小、无能、笨拙、愚蠢……遂在盛怒之下想证明自己的力量、能力与影响。"杀亲案虽然很少见，但很多青少年或成年子女因为觉得自己没有价值而故意让父母觉得他们也没有价值，也有很多父母为

了逃避强烈的羞愧感而攻击孩子或进行反击。

另一种完全不同的做法是攻击自己，目的是先羞辱自己，让对方没有必要再这么做。有时我必须劝告案主第一次约会时不必把自己的缺点和盘托出。案主的说法通常是："反正对方迟早会发现，我还不如自己先承认。"很多人便为了避免缺点被揭开时产生羞愧，主动把自己所有的缺点、不安、问题都告诉别人，反正迟早要被批评，不如自己招认，招认后才发现这只会让别人反感。父母受到伤害时，攻击自己的方式通常就是自厌与自暴自弃。

父母受到伤害时，另一个常见的反应是自我逃避，唯恐别人看到他的羞愧、屈辱、痛苦与无能。羞愧感让他不敢向别人透露心事或寻求支持，基本心态都是因为害怕暴露缺点，但结果只会感到更加孤立与孤单。

最后一个方法是逃避，即否定问题的存在，为了回避羞愧的痛苦而自欺欺人。于是一位父亲会说："她做什么，我都已经不在乎了。坦白说，我早把她抛在脑后了。"同样，有的父母会否认自己伤害过子女，因为记忆引发的羞愧让人太痛苦。

同理心

同理心就是对别人的境遇感同身受，这是培养良好人际关系与社会能力的关键。因为有同理心才能了解别人的想法与感受，也才会有能力帮助别人，避免与人发生不愉快，且这种能力是与生俱来的。

同理心是教养子女不可或缺的，几乎每个父母都用得到。婴儿的自我意识也是通过同理心的回应养成的。例如，婴儿对着父母笑，父母也报以微笑，孩子便知道他"被看见了"，也感觉能够与人沟通。同样，父母若不断对婴儿的开心或不舒服做出反应，婴儿便能学会调节情绪，稍长后更能学会调整思想。

例如当父母碰到难管教的孩子或孩子会攻击、排斥父母，父母该怎么办？好比孩子天生需要别人的同理反应才能学会调整情绪一样，当父母感觉没有得到回报时，自然也会产生羞愧感或觉得自己不够好。

现代文化将父母塑造成可以满足所有情感需求的角色，却也让父母更容易蒙受羞愧。多数人都有一种观念：为人父母者若觉得孩子是负担或不能从教养子女中得到满足，表明其大有问题，而事实是只有三分之一的母亲认为母亲的角色"非常让人满足"。当然，如果孩子本身无法让教养工作有趣，或是你过去所犯的错误让你很难找回原本拥有的乐趣，扮演父母这个角色会格外辛苦，教养子女便成为痛苦的来源。就像婚姻不幸的怨偶，受伤的父母纵有强烈的爱与被爱的需求，也只能承受子女不配合的事实。

偶尔会有朋友或同僚对我说："我绝对无法做你这份工作，整天听别人的问题。"在他们看来，长期对别人运用同理心一定是沉重的负担。许多人对父母角色的期待也反映出类似的观点。现代的父母似乎以为他们必须24小时满足子女对同理心的要求，甚至因此容忍不合理的对待。心理学家黛安·艾伦沙特（Diane Ehrensaft）说："……现在的中产阶级父母不允许打小孩，却任由孩子随时打击自己，这是很奇特的现象。"

这里说的不只是肢体暴力，还包括言语虐待。很多父母唯恐子

女的情绪太受压抑，宁可忍受过去闻所未闻的不公对待。这会让孩子的观念陷入混乱，不知道对父母和他人应该有怎样的期待才合理。有时父母不应该感到羞愧或觉得自己不够好，而是应该生气，并相信自己有办法处理。我并不是说教养子女时应该以这两种情绪为主，但如果你对这两种情绪感到不自在，显然你不是很称职的父母。

孩子的心理负担

我想到荣格的另一句话："对孩子影响最大的，莫过于父母未实现的梦想。"这句话有很多层次，但基本上说明了父母的不快乐带给子女的负担。更糟糕的是，当青少年与成年子女察觉父母不快乐时，往往会做出最负面的行为。孩子面对沮丧、焦虑或成就感低落的父母，可能表现出羞愧或排斥的态度，其实是为了减轻同情父母的沉重心理负荷；因为已经无法承受父母的忧伤，或感觉被父母的失败感束缚住，或因父母对人生充满失望而连带使孩子产生幻灭感。有时孩子会觉得只有一种方法可以让他和父母的感觉保持健康的距离，那就是排斥父母，离得远远的。

我的一位案主便说："和我母亲谈话真的很累，她一天到晚只会说她的人生有多苦，好像她多可怜似的！"人们为什么无法忍受诉苦的母亲？为什么我们碰到爱抱怨的人，总是无法用同情的心态倾听，无法不感到难受？因为我们会想抗拒同理心的负荷。

纳森逊说，别人（尤其是家人）的感觉会对你造成很大的影响。例如婴儿啼哭不休可能会让你很生气，不只是因为哭声里有一种索要的意味，更是因为你觉得婴儿似乎在对你无法满足其要求而感到愤怒。那哭声仿佛在说："你到底有什么问题？我没有肚子饿！也不要再听你唱那些没有意义的儿歌！不，我没办法说得更清楚！拜托，我只是个婴儿！你就不能做点什么吗？"

纳森逊认为，"同理心的屏蔽"（empathic wall）是人类健康且必要的机制，否则我们会轻易被周围所有的人感染。例如在游乐场里我们经常会看到小朋友伤心难过，理由不是误判单杠的距离，就是他觉得才刚开始荡秋千妈妈却说已经荡很久了。如果坐在旁边的你对每个伤心的孩子都没有免疫力，那就太惨了。某种程度上我们必须暂时看不见别人的痛苦，才能维持正常的神智。

但现在的父母似乎以为同理心的屏蔽并不是心理健康的必要条件，而是自私到极点的表现。其实稍微从孩子的痛苦中抽离出来并不是在伤害孩子。你愈是明白这一点，就愈能够面对孩子对你的羞辱或排斥。

专为教皇设计的汽车

你是否记得新闻报道过教皇的防弹罩？就是有这层保护才能让教皇毫无畏惧地让座驾贴近民众。我希望读者想象自己有一个心理防弹罩，不怕子女或其他人的情绪流弹。虽然我有时会建议读者对子女多一些同理心，但现在我要提出相反的建议。同理心会让你受他人的情绪与言语的严重影响。当你的孩子说"你这个做父母的很差劲"，你立刻感到羞愧、悲伤、懊悔；如果你有防弹罩，当孩子说"你这个做父母的很差劲"时，你会说"对不起，我听不清楚。

你说什么？我在防弹罩里，听不见"。

这么做的目的是让大部分的感觉从你身上反弹出去，从而你不会对那些话有太深刻的感受，而是对内容感到好奇。于是，你可能会说"真的吗？怎么说？"让孩子全部说出来，你要练习保持好奇而不是完全接收。这就是我所谓的带着感情保持距离（affectionately detached）：你要保持足够的距离，才不会张开全身的毛孔等着即将落下的酸雨，但又有足够的感情让孩子知道你确实在乎他说的话。这需要一再练习，但如果你和多数父母一样，当然不必担心没有练习的机会。

检视你的羞愧感

请勾选出符合你或你的亲子关系的叙述：

☐孩子说我是很糟糕的父母。

☐孩子的表现让我觉得尴尬、羞愧或丢脸。

☐孩子不愿意和我亲近，让我觉得自己很糟糕，也相信我在别人眼中一定是很糟糕的父母。

☐孩子在社交、学业、事业上的表现让我失望，我相信这反映出我某些地方不好。

☐_____

☐_____

☐_____

☐_____

改变你的反应

要减少亲子冲突，关键在于改变你的反应。你未必能改变孩子，但你可以改变亲子关系。

孩子很难管教时，你通常如何反应？请勾选出最符合你实际情况的叙述：

☐我会屈服。

☐我会采取语言或肢体暴力。

☐我会沉默，不再沟通。

☐我会发泄在配偶身上。

☐我会拉其他子女与我站在一起。

☐我弄不清楚谁对谁错或怎么做才对。

☐我用药物、酒精或食物让自己麻木。

☐我会报复。

☐_____

☐_____

☐_____

☐_____

学习不做情绪反应

如果孩子让你感到羞愧，你可能会受到情绪的影响而轻易屈服。这时宁可先采取比较自私的做法，直到你能清楚究竟是该屈服于孩子的要求，还是该认为事情无关紧要而同意他的要求。把冲突

的情况记下来，如日期、来龙去脉、你的反应、引发的情绪及第一
个念头。接着写下正向的想法，以及下次再发生类似情况时要尝试
何种新做法来推翻第一个念头。

日期：三个月前。

情况：打电话过去，儿子拒接（或拒回）。

第一个念头：我这个父母很糟糕，我这个人很糟糕，他这个儿
子也很糟糕。

正向的想法：我很努力弥补过去所犯的错，希望有一天能拉近
亲子关系，在那之前我只能张开双臂等待。不要太苛责自己，我还
是有权利获得爱、同情与宽恕的，即使儿子不能给我这些。

不同的做法：一定要去找有类似经验的父母谈谈，寻求支持。
当我对自己太严苛时，应该每天做自我肯定练习。

减轻羞愧的步骤

羞愧会造成恶性循环，如果你相信自己不够好，通常不会向别
人倾吐内心的痛苦，然后便会感到孤立、孤单，深陷在羞愧中。切
记以下几点：

· 努力找出羞愧感中不理性的成分。你的父母是否羞辱过你？
是否有其他经历让你自认不够好，例如曾经被同侪、手足或其他人
嘲弄或羞辱？

· 羞愧会让你觉得自己没有价值，不妨试着从你爱的人身上寻
求更多爱与支持。不要认为你让孩子失望便没有权利从其他事情中

得到快乐与意义。试着每星期（甚至每天）做一些对自己有益的事。

·求助专业人员，看看你是否应该进一步处理孩子的问题或亲子关系问题。若你有任何疑问，可求助心理治疗师、药物专家、教育专家等。

·多想想孩子的长处及你身为父母的优点。很多父母因为孩子的问题或孩子对待自己的方式而陷入忧虑或羞愧，以致忽略了孩子的长处及自己做得很好的地方。不妨把这些优点写下来，经常拿出来看一看。

·同时提醒自己你已尽力而为，没有理由受惩罚。

你不能任由带给你最大痛苦的念头主宰你，要练习和自己进行爱的对话，让自我同情、同理心、宽恕与爱自己成为最重要的经验。努力根除内在那个严厉、批判、指责的声音，代之以和善、鼓励、谅解的声音。

7. 我怎么会有这样的孩子？

——亲子性格南辕北辙时

　　罗尼大专毕业后在职业球队打过两年球，若不是因为在一次锦标赛滑垒时扭伤脚踝，他很可能会和其他朋友一样大赚耐克的代言费。罗尼应妻子的要求来和我谈教养的问题，妻子担心他与10岁的儿子布鲁斯无法亲近。布鲁斯和他不一样，对运动不太感兴趣，罗尼教几次都没有进步。此外，布鲁斯害羞斯文，喜欢阅读和电脑甚于和一群好动的男孩嬉闹。其实，他的朋友不多，且多半是女生，这让罗尼无法理解，尤其布鲁斯似乎对她们都没有意思。

　　罗尼不太能和儿子亲近，甚至不太喜欢他。有几次布鲁斯因跌倒哭泣或学校有活动而紧张，都被罗尼嘲笑太"软弱""娘娘腔"。罗尼知道不该这样笑儿子，但就是控制不住情绪。妻子眼见布鲁斯与父亲愈来愈疏远，心中十分担忧，生怕再也无法挽回。

　　亲子性格与气质差异太大可能会造成冲突或对彼此感到失望、伤心，甚至造成亲子间长期疏离。本章要帮助你检视你与孩子间是否有这样的问题，并提供一些避免潜在冲突与误解的方法。

兄弟姐妹六不同

若你有两个以上的孩子，可能会注意到他们各方面是多么不同，包括对你的反应，乃至对家庭生活的记忆。原因之一是兄弟姐妹在所有方面都是异多于同：大约90%的手足的发色、发质、肤色，甚至性格都不相同。强烈受基因影响的性格特质有对新经验的接受程度、责任感、内向或外向、好斗或随和、神经质等。这些差异完全可以使父母和双胞胎的其中之一很亲密，却和另一个完全格格不入。

兄弟姐妹的基因差异，凸显出这样一个事实，即父母其实不像一般观念以为的那样无所不能。事实上，若父母的影响力太大，对人类这个物种来说未必是最有利的。你可能要问，像神经质这样的遗传特质对个人、家庭或社会有什么益处？神经质的一大特点是容易担忧，或执着于注意过去的失误或未来的灾难。一个家庭或家族若都很外向，或许有助于探索充满挑战的新领域，但若碰到需要审慎以对、三思而行的情况，恐怕就会显得太鲁莽。同样，负责任的特质有助于提高团体凝聚力与个人向心力，但到了被族人逐出的生死存亡关头时，好斗甚至反社会的性格可能就很有用。

你可以将家庭这个小型社会里的成员想象成瑞士军刀——如果每个成员的特质在不同的情况下能发挥不同的作用，必能提高整体的生存力。就好比物种会在压力下发展出某些特质以适应新的环境或生态一样，人类同样也会表现出不同的性格、生物特征与智力水

平。因为这些差异在某个时刻可能变成性命攸关的重要特质，所以延续（遗传）到了下一代身上。面对危险的环境或家庭本身的问题，兄弟姐妹间的生物差异会让其中一人较有机会存活，将父母的基因传递下去。事实上，对疾病的抵抗力通常是手足间的另一个重大差异。

手足间的影响

除了父母之外，一个人的经验与人格发展也深受其手足的影响。无论手足关系是否和谐，学习共处之道也等于预习将来如何与别人相处。心理学家丹尼尔·肖（Daniel Shaw）说："一般而言，父母扮演的是掌握大局的角色，就像巡视病房的医生，手足则像护士，每天都在你旁边。"

排行也会影响一个人的幸福感。例如，较大的孩子常会抱怨父母较疼弟妹，这可能不是错觉。很多母亲承认较疼最小的孩子。人类和其他灵长类一样，通常较关注幼儿。根据罗伯·普洛敏（Robert Plomin）及其同僚所做的多项研究，只有12%的母亲自认管教每个孩子的次数相当，多半都是年长的孩子较常受处罚。

此外，年幼的孩子很会争夺父母的关注。两份针对学龄前幼儿的研究都发现，14个月大的孩子已经会小心观察兄姐与母亲的关系，且愈来愈擅长将对话与注意力转移到自己身上。朱蒂·丹（Judy Dunn）与普洛敏在研究报告中指出："小孩满三周岁时，很多时候会将母亲与兄姐的对话引导到他最感兴趣的主题上，那就是他自己。"

为什么弟弟都能得到他想要的？

英国作家狄更斯（Charles Dickens）在《远大前程》（*Great Expectations*）里写道："在孩子的小世界里，不论抚养者是谁，孩子最能敏锐观察与感受到的莫过于不公。"但所谓的"不公"是什么呢？有些父母自认为对孩子一视同仁，孩子的感受仍然有很大的差异。三个子女对父母可能有三种看法：严厉、宽容、中立。例如较具攻击性的孩子通常认为家人对他的态度较不友善，这表明孩子的性格会影响他对人际关系的体验，遗传与教养的交互影响可能也会持续形成不良的互动关系，造成深远的影响。

芭芭拉·希布洛斯基（Barbara Shebloski）、凯瑟琳·康格（Katherine Conger）、凯斯·魏德曼（Keith Widaman）在最近一项研究中发现，虽有30%的父母被评断为公平对待每个孩子，较大的孩子还是认为父母更偏爱弟妹。康格指出："我们的研究对象多半了解父母不可能真的'一视同仁'，毕竟每个孩子的年龄、性别、发展阶段、能力与兴趣都不同，有时父母也确实和其中一个孩子的兴趣较相似，但他们要的是公平对待！父母需要在这方面具备高难度的平衡技巧。"康格的研究显示，即使父母努力维持公平，排行还是会影响孩子的感觉。

难缠的个性

有些孩子真的韧性超强，不论被丢出窗外多少次都可以安全着地（也许这个比喻不是很恰当）；有些孩子是随遇而安型的，善于

自我管理，不太需要父母管他也能活得很好，但这种孩子还是需要爱与关怀，只是情绪与行为可能较少需要父母操心。

然而，并不是人人天生都幸运地具备很好的性格与组织能力。有些孩子确实需要更多的耐心与心理引导技巧，依照现代标准来说，父母若碰到这类孩子，可能常常要把客厅当作心理诊疗室。

抚养具攻击性或叛逆的孩子

精神科医生史丹利·葛林斯班（Stanley Greenspan）写了一本很实用的书——《孩子叛逆、好动，怎么办？》（*The Challenging Child: Understanding, Raising, and Enjoying the Five "Difficult" Types of Children*）。针对天性较具攻击性的幼儿，他在书中给父母提出了几点建议："当你看到孩子又把玩具车排成一排（译注：这是自闭症孩童常有的行为），在孩子能接受的范围尽量靠近……动作要缓慢放松，运用孩子能自然接受的语调。若他对碰触较敏感，要给予尊重。"他建议父母不要去抚弄这类孩子的头发或勉强抱他。

他的意见很中肯，如果你在孩子两岁时就懂得这些，在他长成青少年之前，你大约有12年的时间练习。但也许你和无数的父母一样，根本不知道如何面对这种孩子，事实上即使是最有耐心与见识的父母也会失去耐性，束手无策。或者你是单亲，自己已经承受了很大的压力，没有时间去找教养书籍来看，更没有钱带孩子去看心理医生；或者你的婚姻有很多问题，你虽努力扮演尽职的父母，无奈配偶一再扯你的后腿；或者你的经济压力很沉重，照顾任何一个小孩都觉得吃力，更何况是难以管教或沟通的孩子；或者孩子的攻击性格让你想到自己的父亲，多年前你就下定决心不再让任何人对你颐指气使，更不可能让一个小毛头这样对你，何况是自己的孩子！如果是上述这些状况，你该怎么办？

你在教养具攻击性或叛逆的孩子时，是否犯过很多错误？我想一定是的。当孩子对你挥拳、怒吼，让已经精疲力竭、睡眠不足的你连最后一点耐心都耗尽，你必然感到束手无策。当孩子咒骂你，你完全不知该如何回应这种语言暴力，脑中最原始的部分促使你反击，用力地反击。当你的姐姐提供教养建议时，你不知如何回答，你知道那是因为她的孩子太乖巧，如果换成是你的孩子，你确信她也同样会被自我怀疑、自我批评与羞愧感淹没。

自觉不够称职

为人父母最心满意足的感觉之一，就是能发挥正向的影响力。孩子难过时，若能因你的安慰而释然，你会觉得自己很称职，亲子关系也更亲密，因为孩子没有拒绝你或将你推开。但碰到具攻击性或叛逆的孩子时，父母便很少有这样的机会，反而常感觉孤立、困惑，有心无力。

因为这类孩子确实很麻烦，尤其有些父母受限于本身的个性或过往的经验，特别难以应对这类孩子情绪与行为的剧烈起伏。

当孩子发现看似温和的沟通其实是对他有所要求，就会显露具攻击性或叛逆的性格，大约在孩子周岁后就能看出来：父母想安慰他时，通常会遭到抵抗或拒绝，这类孩子难以安慰，遭遇挫折与痛苦时便任性胡闹。不幸的是，这种表现常在亲子间造成裂痕，父母

因无法承受一再被拒的感觉而退缩。也有些父母的反应是反过来拒绝孩子，心理学认为（或直接指出）孩子的任性表现是为了达到某种目的，甚至已到了让人担忧的地步，应该彻底根除。

不同程度的攻击性

孩子表现出攻击性的原因各不相同。有的是因为需要比别人更多的刺激，亦即习惯通过身体的接触来认知世界。这类孩子通常喜欢扭打的游戏和接触性的运动，因为他们的脑部构造较特殊，只会对强烈的刺激有反应。也因此他们喜欢碰撞别人，用这种特殊的方式创造亲密感。长大后通常喜好争辩，无法理解自己的子女为何觉得他的批评太严厉，配偶为何嫌他太好强。

也有些孩子是因为过度敏感而表现出攻击性，与别人互动时常觉得受侵犯而做出反击。这种孩子常觉得别人的需求与要求（包括别人善意的帮助与照顾）会侵犯他的个人领域。

权威型父母VS.攻击、叛逆型子女

有些孩子的攻击表现与父母的教养方式有关。权威型父母讲求控制，偏好诉诸处罚、批评、内疚、羞愧等教养方式甚于赞美或疼爱，似乎也不大关注孩子的感觉，无心了解孩子的行为。父母若过度讲求权威、批评、羞愧或较为冷漠，孩子可能因痛苦而反抗，便会表现出攻击性。在有些文化中权威教养被认为是必要的，可以训练孩子长大后因应严酷的世界，学习尊重与服从权威是追求成功人生的必要条件。

若是温和的权威型教养，父母给孩子的感觉可能是遥远、严格、好批评，也可能是和善、关心。比较极端型的会让人觉得严厉、冷漠，甚至破坏孩子刚萌芽的自我意识，因为这类父母往往会采取打骂教育。但有一天他们可能会悔不当初，尤其是当他们看到孩子长成一名失控的青少年，对父母充满敌意，无法过一般人的生活，或是长大后不愿意有固定的感情的时候。

权威型父母与具有反社会性格的子女尤其不合。明尼苏达大学行为遗传学家大卫·里肯（David Lykken）说："性格类似的孩子将来可能作奸犯科，也可能成为优秀的飞机试飞员或太空人。这类孩子通常具攻击性，天不怕地不怕，个性冲动，很难控管。很多父母干脆放弃，任他胡作非为；有些管得更严，罚得更凶，却也因此造成亲子关系疏离，到后来完全管不住孩子。"

举例来说，里恩出生于"打骂世家"，自己自然延续了这个传统。根据里恩妻子的说法，他们的儿子罗利"生来好斗"，不论是对父亲还是任何人都不会让步。罗利十几岁开始吸食甲基安非他命，多次进出教养院，稍长便进出监狱。未离家前，他和父亲除了互相叫骂外没有其他互动，罗利尽可能避开父亲的火爆脾气。

罗利是家中最后一个搬出去的孩子，空巢期的到来让夫妻问题浮出水面。罗利的母亲凯瑟琳一向厌恶里恩对孩子太凶，现在孩子离开了，她深深懊悔当初没有好好保护他们。

罗利17岁离家后就不再与父母联络。他不满父亲的暴力，也不能谅解母亲坐视不管。母亲试着和他联络，他却冷嘲热讽："我现在不在家了，你这个做妈妈的可轻松了，不是吗？我需要你的时

候，你在哪里？"简短的几句话就足以让凯瑟琳陷入深深的悲伤与懊悔之中。

所幸罗利24岁保释时，按规定要接受治疗，通过戒酒无名会的十二步骤开始重生。到了第九步骤，他主动和母亲联络，为过去拒绝联络、让她伤心表达歉意。接到儿子的电话凯瑟琳大喜过望，那扇门终于打开了。

攻击、叛逆型的孩子遭遇权威型父母时，尤易产生问题，理由如下。这类父母多半认为最重要的是让孩子服从权威，碰到攻击、叛逆型的孩子通常更加严厉，结果便造成恶性循环：父母管得太严或经常打骂孩子，孩子就更叛逆，孩子的叛逆又让父母更严厉。

此外，这类孩子多半认为他的行为只是面对他人不公、严厉、残酷的对待所做出的自然反应，即使碰到相对温和、民主的父母，也会往这个方向解读。若碰到权威型父母，更会认定世人都是冷酷无情的，也就不易尊重别人。

如果你或孩子的性格较具攻击性——

尽量避免：

·斗气。

·受恐惧感控制。具攻击性的孩子进入青春期之后可能会让人害怕，很多父母为避免发生冲突而屈服。这是错误的，因为这样无法帮助孩子学习调整情绪，也会导致亲子关系愈来愈疏离。

·认定孩子是错的。不论孩子的表达方式多么笨拙，都要假定其中有一定的真实性或值得认可之处。

尽量做到：

·设定明确的限制并确切落实。例如告诉孩子："我知道你很生气，但你知道说话不礼貌的后果，周五晚上你不能出去了。"或是对成年子女说："如果你不能更礼貌一点，我要挂电话了。"

·安排时间从事父母和孩子都喜欢且不易引起冲突的活动。攻击、叛逆型的孩子可能会让父母尽量避免和他相处，因为这类孩子习惯用冲突的方式与人互动，他们往往让父母深感疲倦、愤怒或受伤。但你还是应该在孩子较平心静气时通过亲子活动建立联系。

敏感或自尊心低的父母VS.攻击、叛逆型的孩子

若你初为父母就有自尊心低落的问题，碰到攻击、叛逆型的孩子当然不太可能突然改变。就像一位母亲所说："女儿总是让我觉得自己很糟糕，好像我是世界上最愚蠢的人。"

自尊心低落的父母很难有足够的内在力量对攻击、叛逆型的孩子设限。不仅如此，你可能因为个性敏感，过度同情孩子真实或夸大的抱怨。如果你的父母属于权威型，你可能认定权威教养就是暴力，孩子的任何不满都应郑重地仔细讨论。有些父母虽然没有那么敏感，但因为他们相信放任才能培养高自尊，也会采取类似做法。

父母的职责是协助孩子认识哪些行为别人可接受，哪些行为不可接受。如果父母无法适度设限，可能会让孩子的攻击行为更加恶化。因为对孩子而言，这是满足欲望的有效方式。孩子既不必遵守限制，也就没有机会学习如何将父母的教养转化为自我控制的一部分。如果你这位自尊心低的父母却碰到攻击、叛逆型的孩子，你应

该——

尽量避免：

· 因恐惧而屈服。

· 以大声斥责的方式掌控局势。

· 规定或设限时前后不一。

· 过度诉诸内疚感。

尽量做到：

· 寻求支持，教养子女时才能更有力量。

· 提醒自己，设限是一个重要而健康的教养方式，这不仅对亲子关系有益，也可帮助子女学习自我控制。

· 学习勇敢表达自己的立场。

权威型父母VS.敏感型子女

敏感型子女碰到权威型父母往往较容易受伤。权威型父母有时会过度严厉要求服从，敏感型的孩子天性难以抵抗，可能慢慢接受了父母的负面评价，认定自己是个能力不足、没有用、让父母丢脸的人。此外，敏感的孩子需要旁人更细心了解他的感受，而权威型父母通常没有那个能力或意愿。

然而，并不是所有的敏感型子女都是枯萎的花朵，即使碰到较富同情心的父母，敏感型子女也可能很跋扈，一定要父母耗费大量的精力在他身上才行。过度敏感型的孩子到了荷尔蒙分泌旺盛的青春期，或面对同侪的压力甚至伤害时会让父母感到特别头痛。一位父亲便曾说过："汤姆斯一直是很需要花心思照顾的孩子，从小就常抱怨各种小毛病，像是肚子痛、睡不着等。我满心期望他大一点就好了，没想到他十几岁时反而糟糕十倍。他似乎把生活中所有大小问题都怪罪到我们头上，我真不知道这孩子如何能够长大独立。"

如果你这位权威型父母正在养育敏感型的子女，你应该——

尽量避免：

· 认定孩子的行为一定要用权威手段压制。

· 斗气。

尽量做到：

· 认清孩子的行为是在传达痛苦的感觉，而不是在反抗。

· 和孩子讨论他的感觉，让他学会通过其他方式表达而不应肆意妄为。

高成就父母VS.低成就子女

哈莉叶有项成就是她那班法学院女同学无法企及的——29岁就成为企业合伙人。她自己并不讶异，因为她追求的目标从没有一项达不到的，如高中当班长、大学拿全额奖学金、以优异成绩从法学院毕业、嫁给大学时的心上人，甚至在32岁生小孩。

她唯一没做到的就是养育一个成绩优秀的女儿。贝琪可爱但太

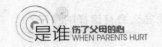
好动，读小学二年级时已可明显看出她在读、写、抽象思考等方面都有学习障碍。虽然帮她请了家教，父母也积极参与协助，然而贝琪从小学到高中仍旧只能勉强拿C。高中毕业后她只肯申请一所大学，但没有通过。贝琪的成绩固然让哈莉叶忧心忡忡，但更让她担忧的是无法和女儿维持亲密关系。哈莉叶和自己的母亲不亲近，因此很希望在女儿身上得到补偿。此外，她也希望能成为女儿的榜样，让女儿知道如何在高度竞争的世界里变得坚强与卓越。

女儿是哈莉叶一生遇到的最大挑战，不论哈莉叶如何努力帮她，花多少钱求助家教、教育专家、私立学校，贝琪的成绩还是毫无起色。由于担心贝琪的未来，哈莉叶变得极度在乎她的成绩，一天到晚问她快考试了为何还不准备，为什么不交作业，为什么要等到超过期限才要准备历史课报告。

无法克制的忧虑导致哈莉叶对女儿管教严格，明知教育专家的建议不是这样，还是忍不住会批评女儿，并一再表现出内心的失望。面对母亲的负面评价，贝琪的反应可以想象——更执拗、好辩，到青春期时甚至开始嗑药。全家人来找我时，母女仅有的感情已磨得见底。贝琪将满18岁时，哈莉叶惊觉再不学会控制她的担忧、内疚与失望情绪，母女间残留的一丁点感情将荡然无存。

现在多数父母都很担心子女无法进像样的大学，找份薪水像样的工作，拥有像样的生活。这种心态很容易理解，因为成功之门愈来愈窄。但就如哈莉叶的例子所显示的，很多用心良苦的父母就是因为担忧而过度关注子女的成就（或没有成就），反而破坏了亲子关系。高成就的父母与低成就子女是比较麻烦的组合，尤其当父母不懂得珍惜子女的优点时，孩子自然会感到愤怒、羞愧、被排斥，长期下来可能会反过来伤害父母。

子女长大搬出去后,问题未必会消失。因为极度担忧的父母往往会或隐或现地表现出对子女缺乏信心或不够支持,造成亲子关系极不和谐。子女成年后可能为了证明他的独立存在而把生活搞得更糟。有的青少年很聪明,却为了向过度在乎分数的父母表达不满而故意让成绩变差。父母的忧虑、批评或意见也会让孩子怀疑自己的能力,感觉与父母很疏离,而故意与父母拉开距离。

戴尔的情形就是如此。这个年轻人接受我的咨询多年。治疗过程中,我看过他那位非常成功的母亲所写的信。信中母亲谈到对儿子未读完大学多么忧心,怕他会穷困潦倒,对于儿子未能"善用上帝赐予的天赋"是多么失望。

我完全能够理解戴尔母亲的感受,也能从字里行间读出她的母爱与关怀,虽然那份爱可能因内疚与失望而变得模糊。但她对待成年子女的方式还是犯了许多父母常犯的错误:未顾及子女的意愿,自行提供建议或表达忧虑。如此不仅会伤害孩子,也会影响亲子关系。

我给戴尔的母亲提供了下列建议,如果他们都愿意让我介入(依据我的经验,很多父母不愿意和成年子女的心理治疗师谈,他们认为一开始就是我们在给子女灌输奇怪的念头),我会告诉她,她忧虑的言语在儿子听来就像是不信任投票。他已经长大了,除非他明白表示请她表达意见,否则她不应该提供(即使是她自认为很高明的意见)。我还告诉她,表达失望很伤他的自尊,会让他觉得他的存在带给她痛苦。不要问他何时要复学,不要提醒他现在的工作是大材小用,或他在浪费生命。我知道说这些都是出于好意,但对他而言是打击。她最应该做的事是享受他的陪伴,说出她最喜

欢、欣赏、深爱儿子的地方，省去想要帮助他的那些谈话。

有时确实不是那么容易知道该何时停止扮演父母的角色，也许你可以参考下列原则：如果孩子已经不住家里，而你的建议总是引发冲突，那么最好把你的想法放在心里。

如果你有一个低成就的青少年或成年子女，你应该——

尽量避免：

· 将大部分甚至全部谈话围绕着分数、大学或事业。

· 表达许多忧虑或"关心"，尤其当孩子明显反感时。

· 无事不管。有的孩子就是必须比别人经历更多挫败，才能找到自己的方向。

· 批评孩子没有志气、缺乏动力或做事情虎头蛇尾。孩子长到青少年时，你应该提供咨询多于管理。孩子成年后，你能提供的最佳影响是让孩子信任你、爱你。

尽量做到：

· 请教专家，确定你已尽力而为。如此可避免将来你或你的孩子指责你没有协助他过渡到成年期。

· 欣赏孩子身上与大学或事业完全无关的美好特质。

· 孩子长大后，在你想提供协助之前先问他需要什么。

沮丧的父母VS.好动的子女

有些孩子的马达转速似乎就是比别人快很多。过动或好动的孩子特别需要父母费心，父母若不知如何教养，可能会造成亲子关系紧张。

研究显示，父母若长时间陷入沮丧情绪中，会造成孩子的问题。孩子需要旁边的人对他做出一定程度的反应才能发展出自我认同与自尊；父母若压力沉重，心事重重，较为退缩，当然没有精力充沛、感情丰富的父母易对孩子有反应。一位母亲说："我从来没有足够的精力应付卡尔，我知道他很在意。他有时很生我的气，也许是因为我付出得不够多，或者他觉得我可怜，我不知道。他小时候我常躺在床上，还拉上窗帘，对他而言恐怕有妈妈跟没有差不多。我女儿就很容易带，只要给她一本书，就能坐在角落看一天。卡尔不同。他从小就老是缠着我，常笨手笨脚弄坏东西，不断制造噪音。为了让他安静，我几乎要崩溃。后来我开始吃抗抑郁剂，感觉好了很多，但可能已经对他造成了伤害。他搬出去后，我每次打电话过去，他没说几句就急着挂掉。"

如果你家有个好动的孩子而你又很忧郁，你应该——

尽量避免：

·让孩子觉得他是你的负担。如果你曾经表达过这样的意思，一定要让孩子知道你后悔了。告诉孩子："我很抱歉我曾表现得那么不耐烦（或忙碌、疲倦、心情不好等）。你是个正常的孩子，只是我没有能力满足你的需要。当时我很沮丧，但现在我已经在寻求协助了。"你说这些话应该是出自对自己的爱，而不是自我厌恶。背后的意义是"我是个好人，只是我在当时的状况下实在有心无力"，而不是"我太糟了，对子女付出那么少，活该孩子恨我、轻视我"。

·让孩子反过来照顾你。

·让孩子在追求独立、追求比父母更好的生活时有罪恶感。

·责怪孩子让你心情不好。沮丧的父母往往认为情绪低落是孩子不乖造成的。

尽量做到：

·向外求助。许多研究显示，服用抗抑郁剂搭配心理治疗能有效治疗抑郁症。

·让孩子知道他不需要照顾你。

·让孩子知道你的抑郁不是他的错。

·就孩子的过动问题请教儿科或精神科医生。

外在的影响

许多外在因素可能会造成亲子关系的裂痕。例如父母若有经济压力或其他烦恼，自然没有多少心力参与或关怀孩子的需求。研究发现，父母若工时太长，薪水低，工作不稳定，较容易表现出前后不一、过度严厉或操之过急的教养态度，而这些不幸的状况可能在许多年后让父母尝到苦果。

在这种情况下，父母通常会试图去除任何让他感到压力、疲倦、无能为力的因素，于是亲子的性格差异或正常的教养问题都可能被加倍放大。史学家库恩兹说，父母往往将孩子的反抗行为解读为"……在挑战父母的权威与自尊，这种敏感的解读可能是因为他的权威与自尊已经因经济的挫败而受到威胁，和孩子根本无关"。

此外，经济不稳定会让孩子没有安全感，缺少奋发的动力，对未来感到不安定，这些都会造成亲子关系紧张。经济问题与工作时间不一致也可能引发夫妻冲突，提高离婚率。面对婚姻长期失和，很多男性会与孩子比较疏离，尤其是女儿。

自我的延伸

我们总认为孩子是自我的延伸，因此特别容易随着孩子的成败而感到骄傲或羞愧，看到可厌或可怕的自我特质在子女身上重现时，也会心生厌恶。例如一个母亲习惯将正当的攻击性压抑在心里。当她看到女儿主张自己的权利或适度表达愤怒时，可能会有些不安。又如一个男人从小被教导性是肮脏的，当他看到孩子裸身在家里跑来跑去或不经意间触碰自己的身体时，可能会严加斥责。或者一个曾被性骚扰的母亲看到襁褓中的儿子勃起时，可能因引发不快的回忆而不安。有些父母看到孩子达到成就时会感到与有荣焉，但也有些会因嫉妒而口出批评之言或冷漠以对。

孩子的每个发展阶段对父母来说都是不同的挑战。极度敏感的父母在孩子年幼需要照顾时或许不会有什么问题，但当孩子追求独立时问题就开始出现了。同样，对权威型的父母而言，孩子年幼顺从时当然比进入叛逆青春期时更容易教养。也有些人觉得被依赖是很沉重的负担，自己也不喜欢依赖别人，在孩子婴幼儿期可能无心关注孩子，等到他长到能够有较平等的亲子互动时，才真正感受到乐趣。

此外，有的孩子天生善于察言观色，可能会让教养工作比较愉快，孩子也较能得到他想要的。举例来说，假设有个孩子能够判断

何时会超出母亲设定的最后一道界限，另一个孩子却不管母亲已极度疲倦烦躁而任性地吵闹不休，可以想见第一个孩子会比较少惹麻烦，较得母亲欢心。

父母的差异

碰到比较麻烦的孩子，父母的教养态度可能会有很大的差异，这会形成压力与冲突的恶性循环：孩子给父母压力，亲子发生冲突，然后夫妻互相给对方压力而产生争执，最后压力又回到孩子身上。常见的情况是母亲认为宁可多用同理心了解孩子，父亲则相信应该严格限制孩子的任性行为。此外，孩子的个性可能与父母当中的一人很合，而与另一人格格不入。这些差异不仅对亲子关系形成考验，也会影响夫妻关系。

罗伯和朗达就是这样一对夫妻，他们在女儿罗莉16岁时来找我。我想罗莉应该和她母亲当年一模一样：非常聪明但充满焦虑，不擅交友，过度敏感。罗伯个性爽朗，非常好客，说话的方式有时会刺痛别人。这对夫妻的性格南辕北辙，而这种差异也反映在两人处理女儿焦虑问题的态度上。罗伯反对心理与药物治疗，认为女儿长大就自然会好："我太太不该花太多时间思考或讨论这个问题，这样做对谁都没有好处。"朗达认为心理与药物治疗对罗莉不仅有帮助而且很有必要，因为她自己也在接受心理治疗，而且药物确实帮助她减轻了焦虑。就像许多观点迥异的夫妻，两人各持己见，无法站在对方的立场看事情或讨论问题，结果家中经常剑拔弩张，罗莉陷入更深的焦虑之中，甚至造成自我价值感低落。

很多夫妻对教养子女的方式都有不同的看法，但碰到特别难缠的孩子，父母必须花费较大的心力，这确实会让婚姻状况更紧张。每个人的教养观都会受到很多因素的影响，除了本身偏好专制型、放任型或威信型的方式外，还有其他因素如想要复制或矫正上一代的教养方式，改变孩子天生的性格，减轻目前承受的压力等。

尤其在夫妻离婚后，双方可能因教养方式的差异而展开"谁才是好父母"的竞赛，这对孩子会造成极大的伤害。在我这里求诊数年的少年乔纳森就是如此。他的父母离异，母亲常指责父亲太严格，父亲则批评母亲"宠坏了他"，对他的课业问题与沮丧心情过度同情。父母无法抛开歧义共同合作，让夹在中间的乔纳森非常为难，也就无法受益于父母教养方式中较有价值的部分。

离婚的情况或许更为复杂，但只要是父母对教养女子的观念不同，下列原则应该都有帮助。

尽量避免：

·斗气。子女的教养事关重大，夫妻讨论这个话题时很容易变得激动起来，双方都急于证明自己的观点才是对的，也就很难客观看待对方的立场。

·说教。讨论教养方式的差异往往会沦为是非之争。"每个人都知道最好的教养方式是……"

·"谋杀"配偶的人格。很多夫妻会拿教养方式的差异来"证明"配偶的缺点。一个说："你太软弱了，才会让他觉得可以为所欲为！你从来不肯设定限制，难怪别人不把你放在眼里！"另一个反驳道："是吗？你认为人生所有的问题都可以用处罚来解决，难

怪连你最好的朋友也不来找你了！"

·怪罪孩子引发夫妻冲突。难管教的孩子确实可能引发夫妻关系不和，但为人父母有责任找出解决冲突之道，而不应怪罪在孩子头上。

尽量做到：

·假定配偶出于善意。一般情况下，配偶应该和你一样都是为了孩子好。

·从配偶的观点里找出真实性。善尽亲职的方法不止一种，思考配偶的观点是否有任何道理，只要有道理就应加以尊重。

·尊重配偶的价值观。例如你可以说："你认为我们应该多花时间和孩子讨论他的行为，再设定限制，我了解也尊重你的想法。虽然我不见得完全同意，但我可以理解其中的道理。"

·同意尝试某种教养方式一段时间，如3到6个月，以观后效。然后再尝试另一个人的做法3到6个月。最后客观评估两种方式的有效与无效之处。

你和孩子的差异有多大？

勾选与你情况符合的叙述：

□孩子的攻击性（自信心）比我强很多。

□孩子比我更敏感（顺从）。

□孩子比我更没有进取心。

□孩子比我更有进取心。

□孩子比我更有运动细胞。

□孩子的运动细胞比我差很多。

□孩子比我更不会读书。

□孩子比我更会读书。

□孩子比我自信。

□孩子比我更没自信。

□ _____

□ _____

□ _____

练习一：从孩子的行为里看出优点

在一张纸上写下孩子让你困扰、担忧、生气的行为，以及他的行为对你们的关系有什么影响。父母对性格与自己不合的子女很容易产生不赞同或失望的感受，除了表达你的不赞同，请同时列出孩子让你欣赏的地方，你可能会发现那正是让你不耐烦的特质。例如，你不太喜欢孩子的攻击性，却又欣赏他天不怕地不怕的性格；或者你因孩子过度敏感而感到很累，又很赞赏他能细腻地观察到你容易忽略的事物；或者你不喜欢孩子胸无大志，却又羡慕他能无忧无虑地放松心情。

请将上述概念记在心里，用几段文字描述孩子的优点，以后务必经常表达出你的欣赏。当你要批评孩子的行为时，试着从你欣赏的角度着手。这不只是高明的教养方式，它也能让你不易感到内疚与懊悔。

例如，你可以说："我真的很欣赏你能够这样单纯地享受生命

的乐趣，我相信这是追求快乐与成功的关键。但我在想是不是能在学业方面给予你一些帮助，因为你的功课最近似乎开始有些退步，这不是我们乐于见到的。"

练习二：你的感觉是否凸显出你自己的某些特质？

想想看你是否能从亲子间的差异中学习到什么。举例来说，你的不耐烦、暴躁、轻蔑是否表明你在某些地方有待改进？也许你可以将亲子的差异当作礼物，可将对这种差异的理解运用到人生的其他领域中，学会同理、同情或宽恕。不妨花15分钟写下你如何从这些经验中学习成长。有位母亲写道："检讨改进的过程带给我很大的惊喜，我发现学习的成果不会局限在家庭。我学习'承担我自己的责任'，对事情抱持更务实的期待，并将这两点带到职场与社会上。这是我开始教书之后才有的体会。现在我看学生的作文不再只看到错误或潦草的字迹，而更容易注意到正确、通顺等其他优点。此外，现在的我更能清楚地确认哪些行为不可以接受，且绝不容许自己或任何人受到不公平的对待。以前让我生气的事现在变成'好玩'的事。教养三个子女的'任务'让我乐观，而且有能力迎接新事业，能够和60位可爱的孩子愉快地相处。"

不和谐的关系很容易衍生出各种冲突与误解。你和孩子在互动中可能都犯过错，你要学习原谅自己，也原谅孩子，试着将情绪的纷扰当作成长的契机。谈到成长当然不能忽略青春期，下一章便要探讨青少年如何影响父母的自我评价。

8. 孩子未必针对你

——得理不饶人的青少年与父母的因应之道

在学校担任咨询师的乔安完全不知道15岁的女儿芭芭拉曾多次自残，直到有一天芭芭拉洗完澡出来，她偶然看到芭芭拉上臂内侧横着十几条红色刀疤，她立刻流下泪来。她抓住女儿的手臂叫道："宝贝！怎么回事？你为什么要这么做？"

"没什么，没什么大不了的。"女儿愤怒地瞪着天花板说。

"没什么大不了？伤害自己还说没什么大不了？"她倚门站着，一方面怕自己晕倒，一方面要阻挡女儿走出去。"我完全不知道你在自残。"

"噢，多让人惊讶啊，你不是一向都不知道我在做什么吗？如果你没等在这里刚好看到我洗澡出来，你永远也不会发现。你和爸从来没问过我在做什么，过得好不好。即使我的成绩是F，你们也不会知道，因为你们从来不问。"

"我们不必问，因为你从来没拿过F！你留级了吗？所以才会

107

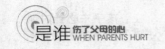

这样？"

"真不敢相信你会这么迟钝！"芭芭拉大叫，用力挣脱母亲的手，裸身站在她面前。"妈，你不用担心！你家的好学生成绩还是好得很，反正你和爸只关心这一点。你们有没有想过我的人生不只是让你们有面子？真让人不敢相信！我要走了。"她推开母亲跑走了。

乔安惊愕到无法支撑自己。她的女儿一向安静严肃，她从没想到女儿有那么多痛苦。她无法止住泪水，心想："我的天，我的女儿究竟经历了什么事？怎么会发生这样的事？我做错了什么？"

大家都知道青春期是相当混乱不安的阶段。孩子在身体上的快速变化让他们在行为、情绪各方面加速改变，即使是自信对教养子女很有一套的父母，有时也不免遇到难题。有些孩子表面看起来适应得很好或只有一些小问题，某天却可能突然开始自残、嗑药、成绩落后、社交畏缩或情绪严重不稳定。

现在的青少年可能比过去任何一代承受的压力都大。例如如今忧郁症的患病率是1960年的10倍，第一次罹患忧郁症的年龄也大幅提前：40年前是29.5岁，现在提前到14.5岁。

女孩的青春期也愈来愈早开始。1820年，女孩16岁才进入青春期，1900年是14岁，1940年是13岁，现在更提早到12岁。同时媒体上与性相关的内容也愈来愈多。

青少年正常与不正常的行为都会带给父母压力，本章将提出一些因应建议。

青少年教养调查

下列哪些叙述能反映你教养青少年子女的经验，请勾选出来。

☐孩子对我的自尊是一种挑战。

☐孩子不在家我会担忧。

☐我的情绪会随着孩子的情绪而起伏。

☐我对孩子的反应过度。

☐我有时会对自己的言行感到后悔。

☐我担心自己不够强硬，任由孩子威胁和利用。

☐我担心孩子无法顺利过渡到成年阶段。

☐我感觉我老是在念叨孩子，导致亲子关系不佳。

面对青春期的孩子，你最担心的是什么？

☐毒品、酒精。

☐性。

☐交坏朋友。

☐没有同性朋友、异性朋友或无法与人融洽相处。

☐面对孩子的愤怒、悲伤、恐惧、焦虑。

☐不知道如何对孩子设限。

☐成绩不佳。

☐孩子与我（或我的配偶）很疏离。

了解青少年

你觉得和青少年生活在一起很辛苦吗？请想象你自己的少年时光是什么滋味。当然，你也曾经是青少年，但你可能已经忘了青少年每天要承受多少压力。请试着回想你年少时的社交生活：你要花多少秒才能想出一件让你非常羞愧或丢脸的事？你有多少次严重怀疑自己没有吸引力，不可能讨人喜欢？你曾经多么担心自己不够聪明、缺乏运动细胞或创造力？

再来谈毒品与酒精这两种最让天下父母忧心的东西。你自己做过多少愚蠢、鲁莽、不负责的事？一件也没有吗？那只能说你是朵"奇葩"。多数家长看着家中的青少年，都很想说："照我的话去说，但不要模仿我的行为。"

你可能也尝试过很多行为，因为青春期是最勇于实验的阶段。为什么？因为青少年正在追求自我认同。这也是为什么教养青少年是这么可怕的事；他们必须实验各种风格、行为和态度，才能明白自己喜欢怎样的生活，不喜欢怎样的生活。多数人总是要经过不断的尝试与犯错、成功与失败、骄傲与羞辱，才能找到自我。

多数青少年都很在乎能被朋友接纳，参加派对，和朋友在一起。正因为强烈需要被看见、认可、接纳和喜爱，他们与父母协商时往往态度强硬，不留余地。如果是比较低调的青少年，亲子互动或许棘手，但不至于让你精疲力竭。如果是比较叛逆或善于软硬兼施的孩子，则可能严重影响亲子关系，让彼此都感到受伤，被误解，没有希望。

很多麻烦状况刚开始只是因为孩子天真地想试着自己设定界

限。就像马克·吐温所说："明智的判断要靠经验累积，而经验来自错误的判断。"叛逆、打破规则、做出种种让父母操心难过的事，这些行为都可能让孩子确认自己和父母的不同，证明孩子可以忍受父母的不赞同而依旧活下来（甚至活得很好……），但他也会发现自己要为这些行为付出代价。

孩子终究要展翅飞翔

写到这里，我的一个儿子到朋友家玩了一整天刚回来。他朝楼上喊了一声"我回来了"，便直接回到房间。坦白说，我有些失落。我一整天都没有看到他，很希望他上楼来待一会儿。当然，我也可以下楼到他的房间，如果他心情不错，可以和他聊几句，至于是否聊得愉快则要看他的情绪好坏、血糖或睾丸激素的浓度。但我还是有些难过，他回到家的第一个念头竟然不是上楼找我。

这就是青少年，你只能无奈接受。在儿子心目中我显然已不是宇宙的中心，若按照一般情况发展下去，我将愈来愈不像提供光亮与温暖的太阳，而比较像月亮，有时见得着，有时见不着，影响力如潮汐起伏。

孩子小时候总是很喜欢黏着父母，但青春期之后将缓慢但稳定地朝相反趋势发展。面对这种现象若产生误解或处理不当，便可能造成亲子关系长期陷入不和谐之中。有些父母因感觉被孩子排斥（未必很明显），开始退缩或反过来排斥孩子；或者他们误以为自己对孩子已毫无影响力（其实只是影响力减弱）。也有些父母支持青春期孩子追求独立的方式是退避三舍，让孩子承担照顾自己的沉

重责任。

要知道青少年表面上强烈反对父母的理想、价值与认同，长大后孩子的价值观与理想却经常与父母雷同。换句话说，孩子表面上虽然对你的观念嗤之以鼻，并不表示将来不会转而"拥抱"这些观念。

打击专家

很多父母都被家中的青少年伤害过，这样年纪的孩子似乎义无反顾地要与父母分开，攻击父母时又是那么一针见血。就像一位母亲说："孩子突然之间开始从头到脚地审视我，而且带着蔑视的神情。不管是我的笑声、说话的语气、吃东西的样子、手臂晃动的习惯都逃不过他的眼睛，我觉得自己好像活在显微镜下，而且后面有一双很无情的眼睛！"

与一些父母的经验相比，这还算是温和的。孩子进入青春期后，愈来愈能精准地察知父母的缺点，更能一针见血地指出你最焦虑与不安的地方。一位父亲说："有天晚上，我那16岁的儿子和我坐下来谈，巨细靡遗地给我分析他母亲离开我的原因，就像外科医师手中的刀子，不同的是没有使用麻醉剂：'你很自我，不论什么事都把自己摆在第一位。你把你的工作看得比任何人的需求都重要，从不关心别人的生活。你从来没对妈妈说过你爱她，也从来没对我和妹妹说过你爱我们。'我无言以对，因为坦白说，他的话没有错。我不知道是应该打他一顿还是大哭一场。"

限制的必要

完全放手或把孩子当犯人都不恰当。很多父母搞不清楚该如何设定限制，以下提供一些基本观念。

决定违规的后果

很多父母不知道何种处罚及处罚多久较恰当。基本上你可以选择的限制包括金钱、电话、自由支配的时间、电脑、汽车、完全信任（不加检查）、购物等。我相信读者也有一套自己的处罚方式，当然也可以加进来。

心理学家史考特·赛尔斯（Scott Sells）在其《如何教养失控的青少年》（*Parenting Your Out-of-Control Teenager*）中谈到当孩子失控或父母无法控制孩子时如何重建家中秩序。他建议在孩子的参与下，事先写下奖惩规则。每个家庭对可接受与不可接受行为的标准不同，比如我的标准便比我的父母宽松一些。重要的是我和我的孩子都知道底线在哪里，孩子很清楚越界的后果。

你和你的孩子也应该知道界线与后果。如果孩子有态度无礼的问题，你就应该在孩子的参与下订立规则，内容可能是："无礼的行为指翻白眼、模仿我或家人、粗鲁的手势、诅咒、被要求做事时没有第一时间就做。如果你能尊重别人，没有上述言行，周末便可以用车，每周可领零用钱10美元，以及……（这里可写下你的奖励）。若违规则须承担如下后果……（选择有效的做法，如周末不能用车、取消当周零用钱、当周不能打电话、禁足等。禁足意指不

能看电视、打电话、打电脑或有朋友来访，但可以看书）。每一项罚则应该附有补充说明，如："如果本周再违规一次，星期六白天和晚上也会被禁足，第三次违规则整个周末都禁足。"

爱与限制

教养青少年最有效的方法是整合爱与限制的方式。表现爱的一个好方法是请孩子协助设计约定内容，问他哪些事对他较具激励性，父母又该怎么做才能让他有更好的行为表现。

青少年的行为表现通常是为了得到什么，而不是为了伤害你。在当下你很难看到这一点，因为他表现出来的样子就是要将你磨到疲倦、挫折、愤怒到无法承受而放弃。在孩子看来，他没有多少协商的筹码，只能运用所有可运用的工具。就像赛尔斯说："当你怨叹：'孩子竟然这样对我！'时其实是在把孩子设法达成目的的行为当成人身攻击，这样想很容易受伤导致情绪失控。慢慢地，你可能不再有能力表现温柔，因为受伤与愤怒的感觉已让亲子关系完全走调。"

暂时离开

面对青少年的突袭、言语攻击、羞辱、嘲弄，如何做出正面的反应？

当你发现彼此的互动将朝不利的方向发展时，最好先停下来。你可以这么说："再说下去可能对彼此都没有帮助，我想我们应该先停下来，等彼此都冷静时再谈。"如果孩子不肯停止，你可以离开。这是很好的榜样，显示你为了维护亲子关系而能够中断不利的互动。

如果孩子违背规定，如对你不够尊敬，你应该说："你违背了尊敬父母的规定，我们稍后会讨论后果。"说完就离开，以避免进一步发生冲突。两人都冷静的时候，你再告诉孩子："你违背了说话有礼貌的规定，你应该知道这个周末你不能开车。"别让他把话题转移到指责你不公平、太严格等方面，保持冷静，坚持落实规定。

孩子酗酒与嗑药

很多家庭的冲突源自青少年沾染酒与毒品。好奇想尝试之心虽不可取，但并不是很奇特，也未必表示孩子有更严重的问题。但孩子若不是偶尔为之，就必须严肃对待。父母的职责是为孩子把关，避免因一时好玩而变成严重成瘾。

最好让孩子有机会把酗酒、嗑药的原因告诉你，你应表明你乐意谈这方面的话题，坦白过去发生的事也不会受处罚。问他最后一次酗酒、嗑药是什么时候（你要问"何时"而不是"有没有"，无预设立场的问题会让你得到更多信息）。若他坦白承认，你要谢谢他的诚实，强调绝不会因过去发生的事处罚他；若你有理由担心，应订出未来的处罚规则。

如果你有强烈怀疑或担心的理由，告诉孩子你有权随机进行检测。若检测通过，你会向他道歉，将恢复并进一步增强对他的信任。如果未通过，后果将很严重，尤其是有酗酒、嗑药后驾车的情

况时。这些方法似乎很严厉，但对高危人群进行检测是正确的，这样你才不必一天到晚疑神疑鬼或偷偷摸摸扮演侦探。

当孩子的顾问

专门研究青少年问题的麦科·雷拉博士（Mike Riera）认为，教养青少年的一个重要原则是从管理者的角色转变为顾问。另一种思考角度是将教养工作当作逐步将控制权交给孩子，直到有一天全部交出去的过程。

碰到较难管教的青少年或亲子两方性格差异极大时，父母可能采取过度介入或过度节制的教养方式。所谓过度介入就是不给孩子足够的空间犯错与学习。举例来说，17岁的杰瑞就读旧金山的一所公立高中，他的父母来找我是因为担心他经常参加派对及嗑药、酗酒。父母的做法是不让他参加任何派对，并规定周末必须在10点半以前回家。

和杰瑞谈过之后，我得知他的成绩是B⁺，人缘颇佳，也在很认真地学习萨克斯管演奏。他承认偶尔会和朋友一起喝酒，但只是好玩而已，而且大家都这样（当然，青少年总会辩称不是只有他在嗑药、酗酒，那是因为物以类聚）。

我进行专业心理评估时，必须依据下列几点判断：父母对青少年子女的看法、孩子的自我评价，具体证据反映出的孩子在学业、社交、社会适应、兴趣等方面的表现。依据各项标准来看，杰瑞的情况都很不错。

杰瑞的外公是酒鬼，母亲很担心杰瑞会染上酒瘾与毒瘾，像外公一样毁了一生。这样的担忧并非毫无根据，成瘾症确实会遗传。但她设定的限制对一个正常的17岁少年并不恰当，也造成了亲子间不必要的裂痕。

我鼓励杰瑞的父母这样对孩子说："我们知道你是个负责任的孩子，各方面的表现也都不错，因此我们决定周末让你享有较大的自由，可以晚一点回家。你知道你外公是酒鬼，这方面的问题比较让我们担心，因为你可能有易染酒瘾的基因。派对里通常都有酒和毒品，即使现在还没出现问题，以后还是可能会出现。但你在这个年纪要开始为自己负责了，我们希望你能做出明智的判断。如果我们怀疑你在嗑药、酗酒，我们的谈话方式就不是这样了。只要有任何理由让我们担忧，我们就可以要求你接受检测。若证明确实有问题，你必须接受治疗，到时我们就得回到原先较严格的时间限制上。"杰瑞的反应很正面，也感觉较受尊重，与父母的关系更亲近了。

我接触过的另一位17岁少年马克的情况则大不相同。马克的成绩在一年内从A掉到D，因而被学校咨询师转介到我这里。按照学校的说法，他似乎是和迪安娜交往后才开始出现问题。迪安娜就读邻近天主教女子学校二年级，马克想做而不敢做的事她都敢做：叛逆、敢言、冒险。迪安娜曾遭父母虐待，受马克的安静、和善与诚恳的吸引。迪安娜问马克是否愿意和她一起醉酒，马克听了很是惊讶，他从来没有试过酒精和毒品。迪安娜嘲笑他"太纯洁"，他当然不能接受这个说法。

马克发现他很喜欢喝醉酒时的自信与力量感，尤其是与迪安娜同饮时。他很快就染上酒瘾，成绩一落千丈，最后被送到我的诊所。我对他进行评估后，找来马克的父母，征得马克的同意，告

诉他们马克有严重的酒瘾，父母应该做以下事情：（1）密切监督他；（2）考虑送他去治疗；（3）设计一套酗酒的处罚规定。

没想到马克的父母竟然拒绝！他们两人也大量酗酒、嗑药，当时仍经常吸大麻，认为我对马克"尝试"饮酒反应过度。我指出他的成绩一落千丈，学校咨询师询问过马克的朋友，朋友们多半认为他已出现问题。但他们认为学校给孩子的课业压力太重，马克参加派对可能只是为了放松。我说他们若不肯积极治疗马克的酒瘾，我将拒绝为他治疗。马克虽否认有酒瘾，但他的酒量、饮酒次数及行为改变都明显反映出他出现了问题。不过他们仍决定终止治疗。

我举这个例子，是因为多年后二十多岁的马克打电话给我，谢谢我当时坚持立场，并说他已努力戒酒数年，现在情况不错。由于父母的态度太消极，他在终止治疗后那年继续堕落，后来被勒令退学。再后来他取得高中同等学力，考上大学，目前有一份工作，正考虑到法学院深造。他和父母很少联络，对他们当时任由他自生自灭很气愤。

马克的父母一味担忧与儿子疏离而纵容他嗜酒。他们没有坚持立场，以致儿子一步步走向自毁，最后反而因儿子远离而受伤。马克的案例表明，在教养青少年时不能过度消极与纵容，否则很容易造成对彼此的伤害。

对孩子设定限制时常犯的四种错误

有些父母虽然用心良苦，却因做法不当导致青春期子女持续肆意妄为，例如只有口头威胁而未落实。这是很严重的错误，孩子就像足球队的后卫，会不断寻找你的防卫漏洞。因此你说出的话必须贯彻到底，否则等于告诉孩子你的规定没有意义。

另一个常见的错误是设定的限制过于极端，以致产生下列后果：（1）造成反效果；（2）等于在处罚父母；（3）根本不可能落实。如罚孩子连续几个月禁足。

第三个错误是一再屈服，这只会让孩子的行为更容易失控，尝试操纵父母。

第四个错误是在不同的时候对同一行为做出不同的反应。例如孩子上次表现无礼的行为时没事，这次却被严惩。

暴力青少年

当青少年冲撞底线或行为失控时，父母有时会不知道应该先处理哪一种问题行为。最应优先处理的，当然是可能让你或孩子陷入危险的行为。例如孩子威胁说要自杀，威胁要对你或家人施暴，或因药物、酒精而失控，你必须立刻采取行动保护孩子与家人。

虽然20世纪80年代以后青少年犯罪已降至最低，但是最近一项研究显示青少年对父母施暴的比例仍不断上升，这个比例高于抢劫、贩毒及暴力攻击陌生人。据美国政府赞助的全国家庭暴力调查项目（National Family Violence Survey），估计有90万名子女对父母施暴，1/10的人曾打过父母。人们一般认为，这种问题大约发生在18%的双亲家庭与30%的单亲家庭中。少年犯罪事件发生在大城市或贫穷家庭较多，在中上等家庭中对父母施暴的事件也频频发生。

面对青少年子女施暴，你该如何因应？对于打人、威胁打人或

破坏财物等行为一定要有一套绝对不能违背的铁律。如果孩子过去有过暴力史，为了确保孩子与家人的安全，一定要和孩子约法三章："如果这个家再有暴力或威胁施暴事件，我会报警逮捕你。"听起来很极端吗？相比之下，容许孩子任意施暴或让他以为可以为所欲为才更不可取。

孩子为何有暴力行为？

有很多理由会让青少年威胁要对父母施暴：
· 父母对孩子施暴。
· 孩子酗酒、嗑药。
· 父母酗酒、嗑药。
· 过度强调处罚或限制的教养方式。
· 家庭缺乏爱。
· 离婚或再婚造成棘手的问题。

如果孩子行为失控已有很长一段时间，你确实不太有动力表现出对他的爱。你可能必须先让家庭恢复秩序，才能让温柔的情绪回来。但有些不太需要投入太多情感的行动是马上可以做的，且对孩子及亲子关系都有很大的帮助。

就我所知，对各年龄段都非常有用的一个教养方式是抓住孩子做对事的时候赞美他。很多父母在孩子较大后便停止这么做，或是当孩子长成难以控管的青少年时，便因感无力而放弃。也许你也已经放弃，这是可以理解的，但现在我要帮助你重新给自己与孩子一个机会。

你可以通过以下几种简单的方式表达对孩子的爱：

·每天赞许孩子身上的某种你喜欢或重视的特质。

·只要孩子稍微做对任何事，写一张纸条赞美他。孩子会表现得好像你疯了，但还是要继续做下去。

·即使孩子还不能控制自己的行为，务必继续写纸条赞美他。为什么？孩子会很高兴你不只是看到了他不好的地方，你也看到了他的优点。此外，这会让孩子因反抗你或对你不好而内疚。

·善用五比一的原则：一次负面互动，应配有五次正面的互动。

诉诸孩子的内疚感

让孩子产生内疚感是一种有用的教养工具，只要运用得当，可以让孩子了解他对别人的影响及负面行为的代价；若运用不当，则会导致自尊心低落，激发孩子的不满，让孩子变得更任性。我的案主最常抱怨的一件事就是父母让他们感到内疚。要注意不要过度激发孩子的内疚感，否则孩子为了不恨自己，会产生排斥心理，离父母愈来愈远。

父母常让青少年感到内疚的抱怨：

·你只在乎自己。

·你这辈子不会有成就，因为你从来不肯努力。

· 你不关心父母。

· 你太懒惰。

换一个说法——

与其说："你只在乎自己。"

不如说："我很想要你陪陪我，找个时间我请你吃饭。"（或进行孩子喜欢的亲子活动）孩子很可能也怀念亲子共处的时光，尤其是如果你们以前很亲近。

与其说："你这辈子不会有成就，因为你从来不肯努力。"

不如说："我觉得你没有投入更多来尽力追求成就，我希望有机会和你谈谈这件事。你觉得自己为什么没有更加努力？"当多数青少年发现父母真的可以不带批判地倾听时，都会愿意敞开心扉。

与其说："你只在乎自己。"

不如说："你这样对我，让我原本很想为你做一些事（或不介意为你做的事）都不想做了。"

吵完架之后

如果你自知故意激发了孩子的内疚感或说错了话，一定要赶快补救。面对一个经常想要气死你或贬损你的青少年，任谁都很容易说出愚蠢的话。例如我自己便和青春期的儿子大声争辩了约10分钟，起因是他嘲弄我花那么长的时间学弹《巴赫前奏曲》，我反驳说那比学《天国的阶梯》（"Stairway to Heaven"）难多了（那是

122

他正在学的吉他曲子）。

大家都知道前奏曲比较难，我对，他错。但我显然是被他的轻蔑语气激怒了。当然，更成熟的反应应该是："儿子，对于这点我们的意见恐怕不同。"

最理想的反应是：

"你认为《天国的阶梯》比较难吗？怎么会？奇怪！"

我对孩子不太有耐性，因此脱口而出的话通常不是最成熟的反应，大约第三四句才是。我事后为反应过度道歉，我说，谁都知道不论何时请著名吉他手吉米·佩吉（Jimmy Page）来弹奏巴赫作品，都包他晕头转向，所以不要对我要求那么高嘛，等你到我这把年纪就懂了。

我的意思是：

谁对谁错真的不是那么重要，他可以有他的看法，我无须表现得像个青少年一样不成熟。

话说回来：

也许他是对的。佩吉所属的齐柏林飞船乐团（Led Zeppelin）在摇滚界的地位也许不下于巴赫之于古典乐。

第三句果然最有智慧。

提醒：亲子关系很像婚姻，免不了有冲突，争执之后的处理有时比争执本身更重要。因此，当你说了伤人或愚蠢的话，要勇于承认与道歉。孩子会更尊敬你，这不仅可借机树立好榜样，对改善亲子关系也很有帮助。

何谓正常的青少年行为？

青少年的特点是情绪起伏，行为改变，甚至连性格都会改变，你很难分辨哪些行为是正常的，哪些行为是值得忧虑的。下面提供几条有用的原则。

当你发现下列情形时应考虑求助专业人员：

·成绩突然变差。

·持续把自己孤立起来。

·持续出现忧郁或焦虑症状，如快乐不起来、食欲缺乏、丧失平常的兴趣。

·体重明显增减。

·睡眠习惯改变。

·自尊明显改变。

·持续出现自贬思维。

·对未来悲观。

·冷漠。

当你发现下列情形时务必求助专业人员：

·无法控制行为。

·因酒驾被捕。

·触犯法律。

·表现出自杀念头或行为。

·割伤或其他自残行为。

· 对你或家人做出暴力或威胁行为。

· 恶意破坏财物。

父母离婚的青少年

离婚后父母对青少年的教养会更加困难，青少年比较懂得对父母其中一方隐瞒事情，以便向另一方靠拢或避免受罚。有的孩子会把重要的事告诉其中一方，并要求不让另一方知道。此外，青少年在法律上有较大的自由，可能会选择与较宽松的一方同住。但这对孩子是不利的，且容易造成孩子与未同住的一方更疏离。

单亲父母照顾任何年龄的孩子都很辛苦，教养青少年尤其不易。青少年往往为了达到目的使出各种花招，单亲少了另一半的后援、支持与分忧，较易因挫折与疲倦而放弃或屈服。离婚可能对亲子关系造成负面的冲击，因此下一章将专门提供这方面的具体建议。

过去的压力对青春期发展的影响

孩子在成长过程中必须学习独力适应复杂的人际互动，青春期之后这个能力更应有长足的进步。在这个大幅前进的发展阶段若遭遇压力，可能会让早期的创伤再度浮现。举例来说，小碧小时候被精神失常的母亲长期虐待。年幼时还看不出什么问题，等到稍长开始结交异性朋友、面对课业压力时，她的情况逐渐恶化，短短一年体重就增加了二十几公斤，还出现严重的忧郁症状。

青春期突然出现症状或原有的症状恶化也可能与基因有关。有些精神疾病如精神分裂症、重郁症、躁郁症，往往要到青春期的中后期才会浮现，父母长期不和或家庭以外的压力源都可以成为导火线。

有些遗传疾病也会出现在看起来很健康的家庭中。肯恩的19岁儿子患有精神分裂症，他说："雅各布一直不是特别快乐的那种孩子，但也不算特别不快乐。有一次他到处跟人说他被中情局追杀，因此被送进警察局，我还以为他嗑药。但情况一直没有改善，我们只好带他去医院，才知道他患了精神分裂症。这对我们夫妻是很大的打击，因为这是一辈子的病，不是长大就会好的。以前他有任何问题，我们总想说长大就会好，但这一次完全不同。"

当家中青少年有成瘾症、精神疾病或其他疾病时

·参加病友团体：和遭遇相似的父母互相帮助最具治疗效果。

·将伤害减至最低：问题青少年很容易激发父母做出使情况恶化的反应，务必就孩子的问题进行自我教育，这样你才会知道哪些事情是孩子无法控制的。要学习正向的沟通，克服对自己与孩子的失望和愤怒情绪。

·悲伤与接受：青少年很多恼人的行为会随着时间改善，但也可能开始出现较为固定的性格或行为改变。不能因为恐惧某种结果而一味否定现实。

·避免灾难性思维：些许自怜有助于培养自我同情，但如果缺少正向思考加以平衡，很容易变成沉重的负担。你的生活中一定有

一些人或活动可以让你感受到希望与关怀。此外，不妨多练习本书介绍的自我对话技巧。

·寻求外援：当你有疑虑时，就应求助专业人士，有时及早行动可减轻症状，减少症状的持续时间。不妨请儿科或家庭医师代为转介。

·考虑接受家族治疗：问题青少年可能耗用家庭较多的资源，造成其他成员心生不平，而对父母或这个孩子心里不满。

·眼光放远：有些问题是长期的，有些则会随着时间改善。无论是哪一种情况，要相信你一定会愈来愈懂得如何面对悲伤、恐惧与失望。

每个人都有弱点，通常你家的青少年也会发现你的弱点。多花点时间了解自己的优点和缺点，慢慢地你面对孩子的批评就不会有那么激烈的反应。所谓了解自己是指充分认清你与父母、手足，你与过去、现在生命中重要人士的关系，欣然接受你与生俱来的优点和缺点，明白你的人生观如何影响你与子女互动时所有的正、负面反应。

面对家中的青少年，你要努力在爱与设限之间取得平衡。这并不是说你一定会拥有一个完美无缺的家庭，而是你会更有机会营建充满爱意的亲子关系。

9. 离婚的伤害

——父母的心灵疗愈

柯曼博士你好：

　　我在《旧金山纪事报》（*San Francisco Chronicle*）上读到您写的文章《爱家男人要三思》（"When a Family Man Thinks Twice"）。其中谈到离婚的单亲爸爸，我看了哭得像个婴儿。我和前妻几年前离婚，从此女儿便不肯见我。前妻认为会走到离婚都是我的错，她说的话女儿全部相信。我要问的是："我如何才能要回女儿？"我无法这样过一辈子。

　　　　　　　　　　　　　　——此信于2006年8月收到

　　我很希望这封信是少数个案，可惜不是。自从2000年父亲节那篇文章发表在《旧金山纪事报》（请参考附录）上后，我便经常接到读者的电话或电子邮件。那篇文章大致表达了我对离婚爸爸的感想，是在一个深夜写成的，当天我和朋友及他们的成年子女一起聚会。那段时期，很多场合我女儿虽同时受邀她却拒绝前往。我坐在那里享用朋友的美酒佳肴，看着那些成年子女听父母的笑话，反驳父母"落伍"的政治观，得意地谈着他们的工作是多么有意思只是薪水少得可怜。每次参加那种聚会都会让我内心充满嫉妒、忧伤与愤怒。我的女儿在哪里，为什么我总是和别人的子女聚会，而不是我自己的？

于是，与我的读者一样，我也拿起笔来抒发感情，投入相对客观、让人安心的文字世界以寻求安慰。本书一部分便是受到那些读者来信的启发。

有时孩子的生活在父母离婚后会获得改善，尤其是家中长期的严重冲突随之结束时。此外，离婚让怨偶有机会走出已经没有意义的婚姻，去找寻另一段幸福。

离婚后情况也可能变得更糟糕。婚姻专家玛薇丝·海塞林顿（E. Mavis Hetherington）说："每一桩离婚都是独特的悲剧，因为那代表一段建立在无数次共同的经历、记忆、希望与梦想的独特岁月走到终点。"离婚通常意味着必须重新建立亲密关系，这可能让亲子关系变得较为疏离，原因之一是离婚前隐藏的许多问题将暴露在孩子眼前。离婚后家中或许会有新的成人加入，孩子可能会觉得背叛了离开的父母，或是觉得有另一个人来抢夺父母的关注与爱，且这个新人对孩子的关注通常不及亲生父母。

有些人在离婚后会开始修改历史，于是孩子会听到关于父亲或母亲过往行为的不完整或不正确的叙述，却又不得不相信。一位父母离异的成年子女说："我妈常告诉我父亲有多糟糕，从来不顾孩

子，除了自己不关心任何人。成长过程中我一直相信她；她是我妈，不可能骗我。但坦白说，年纪愈大，我愈不相信她的说辞，觉得她只是利用我来满足报复父亲的私欲，真的很差劲。"

有些父母为了使离婚的决定合理化，告诉子女时会漏掉造成离婚的重要因素。一位成年子女说："我父亲一直表现得好像是母亲毁了他，因为离开的人是她。仿佛他是完美的丈夫，母亲是自私的妻子。我母亲很了不起，她为了保护我们，一直等到我们长大能够了解事情才说出真相。这点我很佩服她，我真希望父亲也能这么做。"

很多人撰文讨论离婚对子女的长期影响，但父母与子女的日常互动也必然发生深远彻底的改变。父母本身的自我认同与自尊同样需要修补，较少人探讨这个问题，这将是本章的主题。

离婚调查

勾选符合你的叙述。

离婚对你与子女的关系有何影响？

□我不能像以前一样常常看到孩子，我很难过。

□他们似乎常常对我生气，我搞不清楚是气我离婚还是气我的前夫，或者只是成长过程的正常情绪反应。

□我和孩子的关系比以前更起伏不定。

□我不像以前那样能控制孩子的行为。

□我们不太像亲子，倒比较像朋友。

□我们比以前更亲密。

□ _____

□ _____

□ _____

离婚对你的自我认知有何影响？

□我很高兴离婚了，但很担心孩子。

□我根本不想离婚，这种感觉影响了我的自尊、教养方式及亲子关系。

□是我想离婚的，但对孩子可能受到影响深感内疚，心里一直很受折磨。

□无法全职在家照顾孩子让我很内疚。

□我很难过无法做到心目中的理想父母。

□我觉得离婚是一大错误，很后悔。

□我很难过离婚伤害了孩子与前配偶的关系。

你为了弥补亲子关系做了哪些努力？

□什么也没做，我还未做好准备。

□什么也没做，我也不想做。

□什么也没做，我不需要做，我和孩子的关系很好。

□我和孩子谈过，但都没有用。

□我和孩子谈过，是有一些帮助，但还有很多地方要努力。

□我和孩子谈过几次，但我不想一直谈那件事，因为太痛苦了。

□ _____

□ _____

□ _____

你自认和孩子谈话最大的困难是什么？

□我容易发怒。

□我容易感到内疚。

□我担心谈了会更焦虑或沮丧。

□我怕听到孩子的说法。

□伴侣希望我的教养方式更具威胁性。

□如果我承认犯了错，孩子会让我比现在更痛苦。

□前任配偶若听到我说的话，会用这些话来对付我。

□孩子拒绝和我接触。

□ _____

□ _____

□ _____

父女关系

研究显示，父女关系容易因离婚受到破坏，其次是母子关系。为何如此？因为孩子通常自觉与同性别的父母较相似。男孩显然是通过观察父亲来学习当男人，女孩则是观察母亲来学习当女人，这会产生一种性别忠诚。当父母离异时，孩子很容易便与同性别的一方站在一起。孩子可能感觉到离婚后家庭资源将减少，最好选择那个能帮助自己发展性别认同的一方。

此外，女孩可能下意识觉得母亲的经验在某种程度上等于是她的经验。在一个比较健康或较少冲突的婚姻里，这种影响不太明显，或者说不太重要，孩子也就无法与其中一方站在同一阵线：母亲可能很乐于看到女儿是"爸爸的宝贝"，父亲对于妻子如此照顾儿子也感到很欣慰。

在健康和谐的婚姻里，母亲多半能帮助父女拉近关系，父亲则有助于让母子更亲密。这可能是因为父亲通常较能约束儿子的胡闹行为，母亲则会积极消弭父女间难以亲密的隔阂。

若父母能以成熟的态度离婚，子女就不易陷入"该对谁忠诚"的两难境地，但离婚后孩子的生活不可避免地会分成两边，感受到选边站的强大压力，尤其当父母之一卖力拉拢、自认是受害者或反应过度激烈时。或者当孩子自己看到（或误以为）一方需要他以批评或排斥另一方的方式表达忠诚时，也会感受到压力。

母亲如守门员

研究显示，有一个因素最能预测父亲在婚姻里及离婚后与子女的关系，那就是母亲的态度。如果母亲自认受到委屈，认为父亲伤害孩子，相信母亲比父亲更重要，或本身有心理方面的问题，都可能直接或间接影响父亲与子女维持关系的意愿。就像一位父亲说的："去年我再婚，娶了一个很棒的女人。不幸的是，这让我的前妻更坚决地拉我和孩子的距离。离婚时她就展开监护权争夺战，现在更是想尽各种理由不让孩子在探视时间来我这里。我的女儿完

全听信她的话，认定一切都是我的错。她现在长大了，法院判定她能自行决定多久见我一次。儿子只有10岁，总是很想见我，但就连他都开始问我为什么要对妈妈那么坏，但我什么也没做啊。"

离婚的维琪一想到要让孩子去见他们的父亲就很担忧。"他完全不管孩子有没有写功课，饮食是否均衡，是否准时上床。他住的地方就像猪圈一样！到处都是比萨盒。他根本不管孩子，他们整个周末都坐在电动玩具前。星期一回来后，我得花整个一星期让他们回到正轨，但等他们回去一趟，一切又得从头开始。我知道孩子们很爱他，但这是哪门子的榜样？最近他们说不想那么常去了，我心里很高兴。"

离婚后儿子可能会偏袒父亲，对母亲的态度也就会比较任性。研究显示，母亲与儿子争执后，会比与女儿争执后气更长时间。此外，母亲独力抚养儿子也比较容易沮丧，原因可能是男孩天性狂野好斗，母亲会觉得管教起来较为吃力，也可能是因为儿子感到被父亲排斥会在母亲身上发泄不满。据统计，离婚后只有25%的父亲每周见小孩一次以上，一年后25%的父亲不再与小孩见面。

"我儿子巴比怪我不该离婚，当初确实是我要离婚的，但那是他父亲自己要搬到远地，不再来看望孩子。我感到两面不是人，不仅没有配偶分担教养责任，儿子还责怪我害他被父亲遗弃。"

继母难为

俗语说继母难为。有的孩子会觉得继母取代了他的生母，抢走父亲，因此完全不接受她。这时，继母纵有满腔母爱与同情也无计可施。此外，继母可能对教养孩子有自己的一套想法，但万一与丈夫或孩子生母的观念冲突，也很难落实。

有的继母看到丈夫与孩子太亲密会产生受到威胁的感觉，一旦有了自己的孩子便希望投注更多的时间与金钱在自己的家庭上。这种偏袒心态当然很容易引起前任子女对父亲的敌意，因而减少探视次数，甚至完全排斥父亲。一位父亲便抱怨说："女儿最近告诉我，我的新任妻子和小孩是她的敌人，既然我和她们住在一起，我也就是她的敌人。"

至于那些无法生育或丈夫不想再生的女性，则可借由教养继子女的机会好好扮演母亲的角色。这时若努力示好却被拒，当然很容易受伤。此外，丈夫若认定新任妻子理应热切拥抱母亲的角色，则会忽略子女的冷漠或不配合。

继父母之痛

我听过很多继父母（尤其是继母）谈到被继子女伤害的经验。孩子的排斥行为其实源自父母离婚时产生的不忠、失落、愤怒等情绪，最后却让继父母成为冲突的箭靶，而后者又可能没有足够的经验与雅量将其消化。或许因为这样，少有成年女儿与继母维持亲近的关系。一位继母说："我这辈子从没碰到有这么恨我、讨厌我的人，但我只能微笑着承受，告诉自己：'没什么大不了，我不会被击倒。'"

继父的角色通常比继母容易许多。继母往往要承受自己或配偶给的压力，认为当母亲的要对孩子更尽心，继父则对自己的期许较低——事实上家庭里每个人对他的期许似乎都不高。

这并不是说继父就不会卷入冲突。继子容易视他为同伴，继女却可能认为他是争夺母亲关注的对手。因此父母离婚对儿子的打击较大，再婚则比较容易让女儿难过。

再婚后父母可能会面临一个难题：一方面想要多陪陪孩子，另一方面又想享受二人世界。有的人再婚后会因为新配偶的关系，较难与孩子维持亲密关系。有些母亲再婚后想要多投注时间与金钱在孩子身上，新配偶若感到地位受威胁，可能会将挫折与失望发泄在继子女身上。又有些继父母太急切地摆出权威姿态，或对继子女的冷淡态度反应过于激烈，以致原本平静的家庭气氛紧张起来。一位十多岁的孩子告诉我："我妈妈人很好，但现在我不太爱去她家了，因为她老公是个浑球！他明确表示受不了我们，巴不得我们快走。如果没有他，我会更常回去。"

继父母不宜批评前任配偶或表现出要与之竞争的样子，否则可能危害亲子关系。海塞林顿说："再婚家庭和机器一样受制于复杂理论（complexity principle）：组成的部分愈多，出问题的概率愈大。"或许就是因为这样，60%的再婚婚姻会失败，其中至少一半都有继子女。

问题继子女

继子女的行为问题不见得都与父母或继父母教养不当有关。就好像孩子的天性会影响他与父母的互动，问题继子女对整个家庭也有很大的影响。碰到具侵略性、叛逆、好动、有成瘾症或精神疾病的子女时，继父母纵使用心也未必有用。夫妻若彼此抱持不切实际的期待，碰到难以管教的继子女可能会损及原本就很脆弱的婚姻。常见的状况是生父母认为孩子需要更多的疼爱、宽容与认可，继父母则相信多设限、少溺爱才是对的。

另一个家

离婚后，孩子必须学习适应同时有两个家庭（这种状况有时让人不知所措），父母则必须面对孩子受到不良影响的事实。一位父亲告诉我："我不敢相信前妻竟然嫁给那种人，孩子常抱怨那人脾气太坏，我真恨自己无法保护他们。"

如果父母中有一位心理很健康，则可通过身教及与孩子的对话大幅减轻另一人的病态影响。有些人会延后离婚或根本不离婚就是因为害怕自己不在身边孩子得不到好的照顾。

如果健康的父母不是主要监护人，离婚后孩子免不了直接受到另一位父母的影响。健康的父母也较少有机会给孩子好的榜样、照顾与解释。当然，离婚不尽然都是不好的，有的人走出令人沮丧或不健康的婚姻，反而成为更好的父母。

不神圣的结合

一对怨偶离婚后，亲朋好友往往对两人做出好与坏、受害者或施暴者、恶棍与圣人的二元论断。从祖父母到堂表亲全部联合起来对抗另一方。遗憾的是，这些亲友常忘了这场战役会让孩子付出惨痛的代价，毕竟孩子与"敌营"仍有剪不断的亲情。

　　我常听到父母离婚后，祖父母开始把过去藏在心里的批评全部倒出来，这无疑是在孩子的伤口上撒盐。16岁的艾丽说："外公外婆批评我父亲的方式好像我只是母亲这边的小孩，和爸爸毫无血缘关系。这让我有背叛父亲的感觉，但他们的批评让我很难尊敬爸爸，又因此产生内疚感。"

　　有些祖父母会积极资助一方争夺监护权和打官司，导致亲子关系更紧绷。一位母亲便说："回想起来，当初如果我父母没有介入我离婚的事，可能对大家都比较好。他们无限制资助我打官司，让我们后来没有机会就孩子的教养问题改善关系。我父母似乎比我更生他的气，当时我的心情太乱，无法从长远的角度来思考。"

　　有时候父母离婚也会殃及祖父母。瑞秋·波拉克（Rachel Pollack）在报上写了一篇《子女离婚，父母难为》（"Grandparents Struggle to Hang On After Divorce"）的文章："轮到媳妇照顾的周末，我已学会不问她能不能让我去看孙子：她的答案一律是不行。轮到我儿子照顾时，若有孙子要求来过夜，我的回答一律是：当然好，但我们得先问问你父亲。结果通常无法按照我们祖孙最希望的方式安排。"这是子女离婚后许多父母都有过的可悲经验。

厘清事实

　　以下举出离婚父母常碰到的状况。心灵疗愈的一个重要步骤是接受你应负的责任：你与孩子、你与前配偶之间之所以会发生冲突，你要负一部分责任。以下列出的错误中，多数离婚父母都犯过不止一项，你可能也不例外，但请不要因内疚而止步不前。我们的目标是帮助你走出过去的阴影，勇敢正视你的行为，为个人成长与亲子关系的改善奠定健康的基础。

勾选符合你的叙述。

□我没有更用心保护孩子，避免孩子因为我对配偶不满而受伤。

□我在有意无意间试图让孩子站在我这边来对抗配偶。

□我可能会让孩子产生内疚感，觉得不应该喜爱、欣赏或亲近前配偶或继父母。

□我对离婚或自己扮演的角色感到内疚，因而无法帮助孩子说出他的愤怒、悲伤、担忧或失落。

□我重视新配偶甚于孩子。

□我要孩子保守某些秘密不让前配偶知道，这对孩子是不必要的负担。

□孩子觉得他的地位被继父母取代，我很懊悔没有表现出更多的同情心。

□我懊悔没有更用心保护孩子不受现任或前任配偶的负面影响。

让我们再看仔细一些：

"我没有更用心保护孩子，避免孩子因为我对配偶不满而受伤。"

离婚让你有太多的机会感到受伤、失望和愤怒，双方很容易因赡养费、抚养费、监护权产生分歧，你也可能因孩子的指责陷入痛

苦，嫉妒前配偶的新伴侣，担心孩子比较喜欢那位新伴侣……

离婚的一方可能会对婚姻的失败感到受伤与失望，即使是主动离婚的一方也会有受伤或愤怒的感觉。有些父母不太擅长隐藏这些情绪，便可能让孩子受到伤害或忽略，进而影响家庭关系。

你对配偶的感觉或看法不一定适合向孩子吐露，下列因素可能导致亲子关系紧张。

· 让孩子为父母担忧或觉得对父母有责任，因而产生心理负担。

· 让孩子陷入选边站的两难处境。

· 孩子太了解你的冲突而无法尊敬你。

尽量避免：

· 向孩子吐露你对配偶的感觉。

· 向孩子吐露你对离婚的感觉。

· 详述前配偶的行为，以此为你的离婚决定辩护。

· 讨论赡养费、抚养费等问题。

· 就前配偶的行为提出过度辩解，你只需简单解释："那是不正确的，但那是你父亲（或母亲）和我之间的事""我明白那是你父亲（母亲）的观点，但事情不是那么简单"。

尽量做到：

· 将你的感觉说给朋友、心理治疗师或真心支持你的人听。

· 等到孩子满25岁以后，才可考虑让他知道你的观点，在那之前不太适合。如果你有不吐不快的感觉，不妨参加家庭治疗，学习适当的表达方式。

· 如果已向孩子吐露心声并带给孩子负担，请务必加以补偿。

"我在有意无意间试图让孩子站在我这边来对抗配偶。"

父母离婚后有这种心态很容易理解。即使对前配偶依然有一分尊重，听到孩子抱怨前配偶还是不免有些幸灾乐祸。麻烦的是，孩子很善于察言观色，可能为了安慰或讨好父母而说："我能理解你为什么要离开爸爸，他真的让人无法相处。"或说："妈妈这人太糟糕了，我想不通你怎么会和她生活这么久。"

孩子对你有所求时，甚至会利用这一点来软化你："爸爸最吝啬，从来不会买衣服或其他东西给我。你带我去买好吗？"或者孩子会反过来谈论另一位是多么慷慨，管教多么宽松，以此影响你的想法。你听了或许会感到愤怒或内疚，但也可能在与孩子协商时变得过于软化。

尽量避免：

· 一起讨论前配偶的缺点，导致你与前配偶的分歧更大。
· 利用前配偶的缺点提高你在孩子面前的地位。

尽量做到：

· 孩子抱怨前配偶或继父母时，听听就好，不要顺水推舟或过度认同。对话内容应该以孩子为主，而不是以你为主。你可以说"很可惜爸爸接你晚了，你一定很不高兴"，而不是"他这人就是这样，以前对我也是这副德性"！

·尽可能指出前配偶的行为中较合理的地方。如果做不到，也应该在不透露个人感觉的前提下支持孩子。孩子或许还是能察觉到你内心的感受，但会感谢你能自我克制。

"我可能会让孩子产生内疚感，觉得不应该喜爱、欣赏或亲近前配偶或继父母。"

有些父母直接表现出需要孩子的忠诚。一位已成年的离婚者之子说："我不能做任何可能让父亲想到母亲的事。例如我露出某种笑容，他便以很不高兴的语气说：'你的笑声就和你母亲一样！'或者我表示不赞同他的政治观点，他便说：'这种说法和你母亲一样。你愈来愈像她了！'我发现，我若想和他好好相处，就不能有任何地方像她。"

即使父母很努力隐藏内心的感觉，还是可能被子女看穿。13岁的卡拉说："我爸爸很努力掩饰对母亲近况的嫉妒，每当我提到妈妈或继父有什么好事，他都会说：'那很好。'但看得出来他整个人很伤感。我想以后还是不要告诉他母亲的状况，至少不要形容得那么好。"

有不少人会担心自己的地位被继父母取代。离婚的谭雅说："我第一次看到4岁的女儿和前夫的太太牵手时，几乎要疯掉。坦白说，我很想杀了她。所幸当时我正在接受心理治疗，因此并没有对她或女儿说什么，但内心确实很挣扎。"

尽量避免：
·批评前配偶或其伴侣。

·和孩子讨论你的嫉妒、不安全感或唯恐被继父母取代地位等感受。

尽量做到：

·让孩子知道你希望他爱前配偶或其伴侣。

·一段时间后，当孩子谈到与前配偶及其新伴侣相处有多愉快时，表现出愉快或赞同，即使是假装的也没关系。

·慢慢地让孩子知道你不介意他喜爱继父母，即使是假装的也没关系。

·尽可能称赞前配偶。

·尽可能称赞前配偶的伴侣。

·如果你批评前配偶，要赶快弥补。你可以说："我很抱歉那样说你母亲，我知道那会让你为难，对你不公平。我只是心情不好，但那样处理情绪是不对的。"

"我对离婚或自己所扮演的角色感到内疚，因而无法帮助孩子说出他的愤怒、悲伤、担忧或失落。"

如果你或孩子认为你应该为离婚或离婚后孩子的生活问题负责，你可能不愿意听他们的抱怨，甚至会批评或排斥孩子，对前配偶表现出不恰当的愤怒，或完全拒绝这方面的讨论。金姆说："我感觉一和父母谈起离婚，好像就犯了忌。我小时候有一次问爸爸，他什么时候和妈妈复合，他瞪着我说：'我们永远不会复合，知道吗？永远不会！别再问我这个问题。你认为我愿意回想那件事吗？'我不确定他指的那件事是什么，但也不想问，当然更不能在

他们面前说想念另一个人。"

尽量避免：

·阻止孩子谈起离婚。

·一和孩子谈起离婚这件事，便开始指责前配偶。

尽量做到：

·让孩子抱怨离婚。

·当你猜想到孩子的感觉时，可以替他说出来："我知道让你这样两边跑很辛苦""我知道你要记住两套规则会有些混淆""我知道你有时候觉得好像必须选边站""我知道你真的很希望全家人仍然住在一起"。

·容许孩子抱怨你让婚姻失败（要处理好这个问题，你可能会需要外界的协助）。

"我重视新配偶甚于孩子。"

父母在离婚后开始分别和其他人约会时，孩子将面临另一个调适的困难。一位已经成年的女儿说："妈妈离婚时，我并不开心，但我确实喜欢离婚后有很多时间和妈妈共处。我们什么事都一起做，有时她让我和她一起睡，我很喜欢。我们成了最好的朋友。但她认识我继父后，一切都变了，那种感觉就像被抛弃一样。"

单亲爸爸奇普说，离婚那段时间他非常需要安慰，因此他几乎和新女友形影不离。"雪莉帮助我度过了最艰难的第一年，我很感激她，当时的我情况很糟，孩子们也不好过，我却帮不上什么忙。

如果重来一次，我一定会有不同的做法。"

尽量避免：

·在你未定下来之前就将新伴侣带进孩子的生活。

尽量做到：

·尽量不要变动探视或监护方式，把孩子可能受到的冲击减至最低。

"我要孩子保守某些秘密不让前配偶知道，这对孩子是不必要的负担。"

已离婚或正在办理离婚手续的人常会直接或间接要求子女保守秘密，理由很多。例如有的人会叫孩子不要说出最近买了什么东西或去度了假，以免对方有借口减少抚养费或赡养费。已成年的达琳说："我妈妈常说：'别告诉你爸爸我们新买了沙发、汽车或其他东西，不然他会少给钱！'"

有些父母会向孩子打探前配偶的近况，易让孩子产生背叛另一方父母的感觉。17岁的杰瑞说："有天晚上爸爸问我：'你妈妈开始交男友了吗？'我真的不知道怎么回答，他们正因离婚闹得很不愉快，我不知道什么事可以说，什么事不可以说。我知道爸爸搬出去后，妈妈交了个男朋友，但我只是耸耸肩。他却继续追问：'说啊，我有权利知道！'好像我有责任告诉他一样。我很想对他说：'如果你那么好奇，干吗不自己去问她？'"

子女被迫保守的最大秘密，可能是婚姻还存在时发生的事。"我

记得我17岁时，妈妈用一种像女学生的语气告诉我她有外遇，而且很快乐。我和爸爸一直不太亲，她大概觉得我会说：'哇，好棒！我为你背叛爸爸而高兴！'奇怪的是我真的有点高兴她愿意把秘密告诉我，但同时这也让我没法再尊敬她了。我真的很不想知道父母的这类事情。现在他们离婚了，我在想到底应不应该告诉爸爸这件事。"

尽量避免：

· 叫孩子保守秘密，不让前配偶知道。

· 要求孩子告诉自己前配偶或其伴侣的事情。

尽量做到：

· 如果你曾经要求孩子保守秘密不让前配偶知道，要设法弥补。

· 如果你曾经要求孩子告诉你前配偶或其伴侣的事情，要设法弥补。你可以说："我知道问你那些事让你很为难，我很抱歉。那确实对你不公平。"

"孩子觉得他的地位被继父母取代，我很懊悔没有表现出更多的同情心。"

离婚人士都希望孩子能喜欢新伴侣，但很多人忽略了这种愿望会让孩子陷入对父母不忠的困境。如果你期待孩子喜欢、包容、尊重你的新伴侣，恐怕最后会让自己受到伤害。

一位成年子女说："我父亲一开始就表明他和新妻子是一体的，如果我们没有寄生日卡或圣诞礼物给她，父亲就会很生气。我心想：拜托，我根本不喜欢她，还要寄卡片给她？他直接表明若不完全接纳她，他就不想见我们。我妹妹屈服了，我则是干脆不再打电话给他，因为我已厌倦被勒索的感觉。"

如何让孩子尊重新伴侣让很多父母感到头痛。玛丽谈到新丈夫提摩西："孩子们不需要喜欢他，但一定要尊重。他们进门时总是只跟我打招呼，却把他当空气。如果是他走进门，我儿子会站起来，一言不发走了出去。我夹在中间很为难，一方面我觉得孩子们并没有选择他，因此没有必要喜欢他；另一方面老公却一直施压，要我教孩子们更尊重他人。我对孩子说：'给他一个机会嘛，他人还不错，你们就像对待别人一样对待他就可以了。'但这似乎只是让孩子们更生气，我不知道该怎么做。"

尽量避免：

· 要求孩子一定要喜欢你的新伴侣。

· 责怪孩子不多花时间和你的新伴侣在一起。但这并不表示孩子突然来访时，你和新伴侣就要改变原订计划。

尽量做到：

· 谅解孩子对你的感情可能有负面或矛盾的感受。

· 你的伴侣可能会觉得得不到孩子的感谢，受到了排斥，你要运用同理心。如果情况非常麻烦或引发太多冲突，最好寻求咨询。

"我懊悔没有更用心保护孩子不受现任或前任配偶的负面影响。"

父母若未能保护孩子不受配偶伤害，通常会感到极度内疚与悲伤。已成年的尼克说："我可以谅解母亲和父亲离婚，他对她真的很坏。但母亲将继父带进我们的生活，却让我耿耿于怀，这人不但打我，还性侵我姐姐。每次我尝试对母亲提起这件事，她都说：'我很对不起你们，但我已经尽力了。'我很想说：'你还不够尽力！'"

后来尼克的母亲在他的要求下接受心理治疗。她是个娇小的弱女子，我第一次走到治疗室向她打招呼时，她抬头看我的神情仿佛我是行刑者。她还没有坐下便说："你一定认为我是个很糟糕的人。"眼泪似乎就要夺眶而出。

"我不认为你很糟糕。"

"我知道尼克因为他继父的事很生我的气，吉姆的确对孩子不好，这让我很心痛。但我当时实在没有办法，离婚后我很穷，如果叫吉姆搬出去，我不知道我们一家要怎么活下去。就算我想要他离开，我也根本不知道是否能办到。也许是因为我自己有一个会打人的父亲，我总觉得这就是人生。关于他性侵我宝贝女儿苏西的事，我是在她搬出去之后才知道的。那时候已经太迟了，伤害已造成，无法挽回。"她盯着窗外随风摇动的树叶，"她一直不肯回我电话，我已经15年没见过苏西了。"

其后尼克与母亲一起接受我的治疗几个月，在我的协助下，他母亲为当初没有好好保护孩子表达歉意。强烈的内疚与悲伤让她不知该说什么，但她很勇敢地听尼克畅谈所有被伤害、被背叛的感觉，后来他终于谅解与宽恕母亲了。

尽量避免：

·告诉孩子你已尽力。（这句话只能对自己说，不能对孩子说。）

·因过去的经历太痛苦而闭口不谈。

尽量做到：

·为你没有好好保护孩子弥补过错。

·运用下列技巧学习宽恕与同情自己。

疗愈练习

写一封信

就本章内容中你最有感触的主题，给孩子写一封信，写完后不一定要寄出去或做什么，写信的目的是厘清你的感觉，以免这些感受成为你心里难以承受的重担。信中可以表达你的愤怒、失望、懊悔或感受。

弥补过错

你可以考虑把心中所有的懊悔统统告诉孩子，但要有心理准备：孩子可能谅解你，也有可能批判或拒绝你，尤其当他觉得受委屈或与前配偶（或继父母）非常亲密时。

心灵疗愈的一个重点是停止自我处罚。如果你认定让孩子受委屈，便应该一辈子痛苦，这对任何人都没有帮助，唯有通过接纳与宽恕自己，你才能为别人付出更多。

减压练习

找个可以5分钟不被打扰的安静处所，专注在呼吸上，先从1数到10，之后再倒数（吸气一、吸气二、吸气三……），如此重复两次。如果你无法专心，无法平静地将注意力引回到呼吸上，也无须因心神不断游移而生气，因为这需要一些练习。

每天做两次，连续一周。一周后将时间延长5分钟，直到20分钟。研究发现这个练习确实能减轻压力、焦虑与沮丧。为什么？持续地忧虑、内疚、焦虑与沮丧会导致负责调节"战或逃"（fight or flight）反应的压力荷尔蒙升高。这种与肾上腺素相关的反应在面临存亡的关键时刻很重要，但也不能24小时卡在"打开"的状态。前述的静坐技巧很有帮助，因为人的感觉与他的思想息息相关，当你专注在呼吸时，便很难有恼人的思维。专注呼吸，心无杂念，将"战或逃"的反应摆在一旁，你会处于平静、专注的状态。

当你的心情完全放松时，请重新阅读第四章讨论过的疗愈练习，简单地说就是——

希望：你初为人父母时怀抱何种希望。

教育：认清过去或现在有哪些事情不在你的控制范围内。

肯定：肯定你为人父母与作为一个人的核心价值与优点。

长期耕耘：下定决心改变，学习宽恕自己与别人，努力弥补过错，将你的生命导向更健康的道路。

第三步骤（肯定）的一个重点是：提醒自己别忘了你在父母这个角色上也做对了很多事。请重新阅读第四章中"我作为父母的价值"之"自我肯定的疗愈练习"一节。

练习感恩

抽空回忆5件值得感恩的事。例如：

· 你很健康。

· 你还活着。

· 你和朋友、配偶、伴侣或者其他子女关系很好。

· 你的才华或成就。

· 你的家。

· 你的信仰。

· _____

· _____

· _____

父母离婚后很容易与子女疏离，因此你可能必须格外努力培养或维持亲子关系。试着把眼光放远，不要太早放弃。下面几章会提到你必须继续张开双臂，敞开大门，这就是拉近亲子距离的最佳方法。其实不只是离婚，不和谐的婚姻也可能造成亲子关系疏离。下一章要探讨这个问题并提供一些建议。

10. 问题婚姻与问题配偶

——亲子关系的修补

　　乔琪亚的丈夫经常控制不住脾气，而且情况相当严重，动辄对妻儿施加言语暴力。我们的很多咨询时间都花在讨论如何保护孩子的自尊与她自己的幸福感不受伤害上。接受心理治疗不久，乔琪亚便承认："我常想要离婚，但我没办法安排自己和孩子的生活。我们会马上流落到救济院，而且他一定不会在监护权上让步，他既有钱又精明，一定可以让法官给他一半的监护权。"

　　乔琪亚认定留在婚姻里是两害相权取其轻之举，但这样却无法真正带给孩子安全感与安定感。她为自己没有能力保护孩子感到无能为力，对自己竟依赖这么一个不可靠的男人感到害怕，也担忧给孩子带了个坏榜样。

　　即使你有心扮演称职的父母，有时也会因配偶的关系而无法如愿。例如配偶有成瘾症、精神疾病、个性冲动、忧郁症、施暴行为等，你必须不断想办法保护自己与孩子不受伤害。就连"正常"的夫妻冲突也不能延续太久或太激烈，否则可能会影响你的教养方式，甚至伤害亲子关系。

本章将探讨婚姻对亲子关系的各种影响。

不和谐的婚姻

我在第一本书《在不完美的婚姻里寻找幸福》（*The Marriage Makeover: Finding Happiness in Imperfect Harmony*）里，谈到有些人虽然对婚姻不满，但为了孩子不愿离婚，书中为这些人提供了一些建议。那本书是写给有下列几种情况的读者看的：长期接受心理治疗也看了许多相关书籍，但婚姻一直不幸福；相信离婚会让自己与孩子长期痛苦而留在婚姻里；配偶很差劲，自己却是很棒的父母；害怕离婚后生活走下坡；认为没有自己在场监督，配偶无法教养子女；担心离婚后配偶会弃小孩于不顾（约25%的男性确实如此）；本人的文化或宗教信仰不允许离婚。

这些因素虽未必适用于每个人，但的确是不离婚的合理理由。我强调这点是因为美国的文化在不断传递一种信息：留在没有爱情的婚姻里是懦弱的表现。除了爱情之外，固然还有其他理由值得让你留在婚姻里，倘若做了这样的决定，你就必须选择一种方式让自己、孩子及亲子关系不受伤害。如果你说为了孩子而不离婚，却一直表现出受害者的样子，对你和孩子都没有好处。或者你让自己一直承受言语或肢体暴力，形成所谓"高冲突婚姻"，对你和孩子也没有好处。事实上，多数孩子在高冲突婚姻结束后都过得比较好，至少离婚后不会再有冲突。

即使夫妻不是经常打闹，不和谐的婚姻对孩子也不太好。这不仅会让孩子看到夫妻互动的坏榜样，父母通常也会缺乏心力关照孩子。心理治疗师与一般大众常有一种奇特的推论："如果你在婚姻中不快乐，你的孩子也不会快乐，因此你应该离婚。"这种说法有过度简化与自利的嫌疑。你如何处理这段不快乐的婚姻很重要。即使父母之一脾气暴躁或有精神疾病，离婚未必总是对孩子好。一般而言，有个健康的父母全职在家对孩子比较好，离婚则会大幅减少父母在家的时间与品质。

此外，有些人虽然不是理想的配偶，却是很好的父母。孩子虽然看不到美满夫妻的榜样，还是能因父母全心全意的照顾而获益。

为了保护自己和孩子而留在婚姻里固然有道理，但一定要注意提供好榜样，否则还是可能伤及孩子，也伤害你自己。

"坏配偶"调查

勾选符合你的叙述。

现任或前任配偶的行为如何影响你教养子女的方式？

□他一再打击我的权威。

□她的行为会对孩子造成伤害。

□他是个坏榜样。

□她让孩子卷入我们的冲突。

□他在孩子面前说我的坏话，破坏我和孩子的关系。

□她经常在我和孩子面前批评我的教养方式。

在亲子关系中，你对配偶最不满的是什么？

□他有精神疾病、成瘾症或坏脾气，会对我或孩子表现出可怕
或奇怪的行为。

□她花钱太没节制，家里永远没有钱。

□他的暴躁脾气让家里人没有安全感。

□她似乎把孩子当成她的配偶，把我当外人。

□他对待我的方式让我对孩子做出事后会懊悔的行为。

我们再回到前面提到的乔琪亚，她这种情况相当普遍。她是个
好母亲，用心、负责、认真工作，配偶却让她无法给孩子安全与安
定的生活，造成了如下结果：

·青春期的儿子对她不能或不愿让父亲善待子女很气愤。

·孩子经常要忍受父亲的暴躁脾气或冷漠，她为自己无法保护
孩子心怀内疚。

·她因没选对丈夫，没有给子女好的父亲而自怜自艾。

承担责任

我协助乔琪亚分析她的状况时，请她思考下列问题，若读者也
因为婚姻而受伤，或许可以一起思考。

我的看法对配偶公平吗？

我是否消极或下意识地做了某些引发配偶负面行为的事？

我是否因为对婚姻不满或失望，有意无意间破坏了配偶与孩子的关系？

我是否尽了一切可能保护孩子不因配偶的负面行为受伤害？

下文将进一步探讨上述问题。

我的看法对配偶公平吗？

所谓公平是指务实地看待哪些事情会真正对孩子造成伤害。当前的社会文化把孩子看得很脆弱，可能音量提高一分贝就被视为暴力。如果你的原生家庭有施虐的情形，你可能会特别在意配偶或自己发怒时是否伤到孩子。

我常听到一些夫妻互相指责对方的言语暴力，但在我看来不过是比较凶或声音比较大。我当然不认为有哪个孩子喜欢被责骂或听父母大声说话，但声音大未必等于暴力。如果一个母亲大声指责家中的青少年不该把客厅弄得乱七八糟，这不叫暴力。如果她说：“你这个没用的东西，真后悔把你生下来。”这是暴力。如果父母对子女大吼：“你干吗酒驾？你疯了吗？”这不叫暴力。如果他说：“真希望你被撞残废或撞死算了！”这是暴力。

很多用心、负责、慈爱的父母有时也会大吼大叫。要评判配偶的音量造成何种影响，你必须考量他们的婚姻品质及他平时对待孩子的态度。例如：

· 他是否疼孩子？

· 她是否会花时间陪孩子？

· 他看起来是否了解孩子的需求与感受？

· 她伤害了孩子的感情时，是否有能力道歉？

· 你对他的行为表达意见他能接受吗？

· 她会花时间和你或孩子讨论孩子的未来吗？

· 与吼叫的时间相比，和谐的亲子时间是否足以弥补？

婚姻专家高特曼研究发现，在幸福的婚姻里，正面与负面互动的比例是5：1，且最幸福的夫妻是那种每隔一段时间就会大声争吵的夫妻。换句话说，美满的婚姻不在于没有冲突，重点是正面与负面互动的比例。教养子女虽不能与婚姻相提并论，但我相信同样的比例也适用于孩子。也就是说，只要是在一个用心付出、充满爱的环境中，孩子可以忍受某种程度的大声、不耐烦与发怒。

我是否消极或下意识地做了某些引发配偶负面行为的事？

我们的某些行为可能会在无意间造成火上浇油的效果，但自己却很难察觉到。经过一段时间的心理治疗，乔琪亚渐渐明白丈夫觉得自己受到了她的排斥。乔琪亚生长在一个很压抑保守的家庭，随意流露情绪是不允许的。认识丈夫埃文时，他的热情澎湃深深吸引了她。虽然他偶尔会失控，但瑕不掩瑜：他热爱生命，能热情投入周遭的一切，这些是乔琪亚无法做到的。

两人升格为父母后，她开始担心他的脾气会伤害孩子，觉得有必要管管他。每当埃文责骂孩子或表现出不耐烦时，她都很生气。她逐渐与丈夫疏离，将全部心力投注在当个好母亲上。可悲的是，埃文因为感到被妻子拒绝转而开始排斥子女，这是很多男性共有的

反应。这便引发了恶性循环。乔琪亚为此对丈夫更加愤怒与疏离，更努力去保护孩子。

乔琪亚来找我时，这种情形已对孩子及两人的婚姻造成了很多伤害。值得庆幸的是，乔琪亚能为自己的行为负责，开始为过去对待埃文的态度做出补偿。此外，她努力表达依旧喜爱、欣赏丈夫的某些方面。埃文也做出善意的回应，努力重新做一个好父亲，弥补过去因他的冷漠与批评对妻儿造成的伤害。

我说"值得庆幸"，是因为毕竟婚姻之桥下浊水奔涌难以整治——经历太多的不愉快后不少婚姻已无可挽回，一方甚至双方失去了弥补错误的力量或欲望。

我是否因为对婚姻不满或失望，有意无意间破坏了配偶与孩子的关系？

先前乔琪亚不知道埃文因为她的拒绝而更冷淡，对丈夫愈来愈不满，不再与他沟通。当孩子对埃文有所抱怨时，乔琪亚的态度总是过度同情孩子，对丈夫表现得义愤填膺。这让埃文与家人离得更远，孩子渐渐把他当成坏人。对孩子的抱怨表达同情是合理的，甚至是应该的，但乔琪亚下意识地利用孩子来发泄怒气，将自己在家中的地位摆在无辜的一方。

若你不确定自己在婚姻的冲突中扮演何种角色，请先思考下列问题：

·孩子对配偶生气时，我是否暗自高兴，因为这让我的不满显得理直气壮？

·孩子反抗配偶时，我是否总是站在孩子那一边，因为我希望他们当我的盟友？

·我是否会向孩子诉苦，抱怨对配偶失望？

·我对孩子表达同情时，是否提起配偶错待我的例子？

若有上面任何一题的答案是肯定的，那就意味着你确实要为家人的负面互动负起部分责任。这对孩子并不公平，孩子长大后会因为被你利用而愤怒。亚伦·布斯（Alan Booth）与保罗·艾马托（Paul Amato）研究发现，不幸福或不稳定的婚姻"即使最后没有离婚，孩子长大后，亲子关系也会受影响。如果离婚了，亲子关系不久后便会开始恶化"。他们还发现，不论是离婚还是婚姻品质太差，最受影响的是孩子与父亲的关系。因此，下列几项原则便显得尤为重要：

即使孩子对配偶生气时你暗自高兴，也不要表现出来。除非孩子身心蒙受危险，你的幸灾乐祸对孩子并无帮助，毕竟孩子虽不满另一位父母，心里还是爱他的。若他真的是坏人，孩子自会判断。有时配偶表现出不当的行为时确实应该介入，但一般而言，赞同孩子反对配偶是不恰当的。

即使你认同孩子有理由对配偶的行为不满，也应该在孩子听不到时私下与配偶讨论。若家里的火药味太浓，可以找配偶一起参加如何为人父母的咨询。若对方拒绝，你可以自己去，这样你会学到保护孩子的最佳方法。

不要把自己对配偶的不满告诉孩子。你或许以为孩子会觉得对他的不满可以获得认同，但事实上孩子会感到压力与内疚，将来可能会反过来变成你的问题。

我是否尽了一切可能保护孩子不因配偶的负面行为受伤害？

若配偶有言语或肢体暴力的问题，你的处境会很为难。而面对艰难的抉择时，你必须尽可能两者兼顾。

一方面，为了保护孩子不受伤害，你要介入并制止配偶伤人的行为。

另一方面，这么做可能会让问题恶化，因为他会觉得家人不认同他，联合起来对付他，甚至羞辱他。

一方面，你希望让配偶觉得两人是在同心协力教养子女，因此很不愿意介入。

另一方面，你担心若不介入，子女会觉得你没有保护他们，也担心子女会因此而受伤害，在心里对你的袖手旁观埋下伤害与不满的种子。

一方面，你想和配偶讨论教养问题，找出解决的办法。

另一方面，你担心配偶不满被批评而做出过于激烈的反应，最后落得每个人都觉得内疚，不被谅解。

用心的父母该怎么做？

阿伦感到左右为难：妻子宝拉对孩子很没耐性，孩子稍微不乖就会大发雷霆。每次他试着平心静气与她讨论她的教育方式，她便大怒，指责他联合孩子对付她。她常抱怨阿伦不尊重她，孩子才会有样学样。

如同对乔琪亚一样，我请阿伦也思考前面提到的问题，例如他对妻子的看法是否公正，是否消极或下意识地激发了她的负面行为，是否因为对婚姻愤怒失望而或隐或现地破坏了她与孩子的关系。

咨询后，我发现阿伦的妻子生性脆弱，强烈自厌；丈夫与子女只要稍微表现出不需要依赖她，她就觉得自己的价值被否定了。因此，我的第一个建议是阿伦不要再对妻子吼叫，即使她的行为很糟糕。这需要练习，但一段时间后他变得很能保持冷静，若无法保持冷静他会暂时离开。这么做能让她不再失控吗？很难，但有两个好处：可以让孩子知道碰到冲突时除了硬碰硬之外，还有其他方式，妻子失控的次数会减少，强度也会慢慢减弱。

提醒：对孩子来说，一个容易失控的父母已经够惨了，更惨的是两个都失控！当孩子知道至少有一个人能掌控情势，必然会觉得比较安心，虽然冲突的导火线是另一位父母。

配偶批评我的教养方式

自己的教养方式经常被批评会让人感到很受伤，阿伦的妻子便经常批评他不是个好父亲。"她随时在批评我，老是说我宠坏孩子，被孩子牵着走。当然，一旦发生任何问题，例如成绩单不太好看，她便拿来再次证明我不称职。我知道我不应该太在乎，因为她的情绪不太稳定，但还是让我不舒服，甚至怀疑自己。也许她说得

对，也许我真的不是个好父亲。"

对多数人而言，能否扮演称职的父母关系到自我价值的建立。配偶的批评尤其让人难以承受，毕竟配偶比任何人更有机会见证你的教养方式，从理论上说最了解实际状况。此外，配偶理应有资格批评你，因为你的教育方式确实会影响他的孩子。

当着孩子的面批评你

"每次老公生我的气时，便对孩子说：'你们的妈妈很凶，凶得不得了。'让我处境尴尬，不知如何让孩子明白，我只是和丈夫意见不同，并不是对孩子不好。最让我担心的是孩子成长过程中会一直认为我很坏，因为他们所爱的父亲是这么说的。"

有时你应该制止配偶在孩子面前批评你，有时则完全不需要。若你试着一笑置之或转移话题，情况却愈来愈糟，你应该请他停止，清楚坚定地说："够了，别再说了！你不能对我这么不礼貌。即使你有什么不满，也可以好好说，不需要贬抑我。"面对其他批评也要这么说。若他仍不停止，你可以说："这样下去没有意义，我不要待在这里了。等你平静下来，我再听你说。"

与易怒型配偶沟通的要领

等两人都心平气和时（最好感觉很亲近），告诉对方你想和他讨论教养的方法。你可以参考下列原则：

1. 不要让情况恶化。

面对配偶的言语刺激，你一定很想出言反击、拒绝，表达你的愤怒。但你必须忍住，若你和配偶愈吵愈凶，受伤的是孩子。孩子需要看到你冷静以对。

2. 讨论教养问题之前先称赞配偶，同时坦承你在教养上的困难。

以阿伦为例，我建议他这么说："我知道你对孩子很用心，当你＿＿＿＿或＿＿＿＿时真的对儿子很有帮助。"（以称赞当做开场白，可以让配偶知道你不是要吵架，你要的是沟通与合作。此处阿伦并不是说妻子百分之百完美，而是指出她有些地方做得不错。）

"我有时被儿子气昏了头，做出激烈的反应，连我自己都觉得不太妥当。"（你可以主动承认自己的错误。阿伦这么说等于告诉妻子他不是圣人，也不期待妻子当圣人，更无意凸显她应该明白犯了什么错。这种体谅的话对一个脆弱的人来说很受用。）

"我不知道你在教养孩子时是否觉得我是支持你的，我知道我们的儿子有时不太容易管教。像今天早上我知道你很不高兴，但我不确定该如何表达我对你的支持。"（阿伦是在表示妻子的表现虽然很不理性，但他相信可能有合理的原因，无论是讨论教养还是其他婚姻问题，这是很理想的态度。）一个理性的配偶听到你这么说，通常就能开始进行建设性的讨论。但宝拉的反应不太一样。

阿伦："我不知道你在教养孩子时是否觉得我是支持你的，我

163

知道我们的儿子有时不太容易管教。像今天早上我知道你很不高兴，但我不知道该如何表达我对你的支持。"

宝拉："你要支持我，就应该站在我这边。儿子要喝苹果汁，但我要他喝番茄汁，你不应该帮他说话啊。我听了很生气，变成你扮红脸，我扮黑脸。"

阿伦："我只是不明白你为何那么在意他喝什么果汁，我无意和你唱反调。"（尝试解释）

宝拉（大声说）："我当然在意，苹果汁糖分一大堆，根本没有营养，如果不是每次轮到你购物就买苹果汁回来，我们家根本不会有苹果汁。"

阿伦（试着忽略她愈来愈差的语气）："你觉得儿子营养不够吗？我看他胃口很好。"（暗指她的强烈反应背后可能有某种他不完全了解的想法）"我买苹果汁是因为我喜欢喝，我不爱喝番茄汁。"（解释他的动机不是贬抑她或唱反调）

宝拉（更大声）："你根本没听懂，反正你向来只能从自己的角度看事情。我不要你在孩子面前和我唱反调，好吗？（更加激动）有这么难懂吗？我不管问题是苹果汁还是孩子和我说话的态度，反正我不想老是扮黑脸，让你去扮演年度最佳父亲。休想！"（说完大步走出房间）

上述例子是要告诉读者，你应该：（1）投入更多心力营造与配偶的建设性对话；（2）要知道有时面对某些配偶，对话很容易走调。若你的配偶有精神疾病、酗酒或嗑药问题而未治疗，或个性执拗，即使你很努力进行协商与互动，恐怕也只能做到某个程度。

阿伦夫妇就是如此。阿伦能保持冷静不随她一起激动，这对儿子是好的，但无法真正解决问题，宝拉依旧会以言语暴力伤害儿子。不仅如此，儿子可能会将阿伦的自制解读为懦弱或消极。

3. 与失控的配偶站在同一阵线，以避免冲突。

我鼓励阿伦说，只要妻子对儿子的指责有一丝真实成分，不妨尝试与妻子站在同一阵线。因此，当妻子大骂儿子没有将碗盘放进水槽时，他可以平静地告诉儿子照母亲说的去做。阿伦的改变多少可以减少冲突的发生。

4. 适时介入。

在健康的婚姻里，夫妻通常可以纠正彼此的教养方式而不致引起太多不快。因此，当其中一人的语气太严厉时，另一人可以接手或提醒他冷静。两人都会相信纠正是为了孩子好，而不是为了凸显自己比较优越或故意让对方难堪。

阿伦的介入会让妻子感到威胁且未获尊重，但看到妻子对孩子那么严厉或说出伤人的话，阿伦觉得一定要保护孩子。因此我鼓励他必要时说："够了，不要那样骂他，把你的意思说出来就好了，没有必要贬抑孩子。"

或说："你这么说不公平，你可以用比较有效的方式告诉他该怎么做。"

或说："别再说了！够了，这件事交给我来处理吧。"

宝拉的反应通常是觉得被背叛，反而吵得更凶，因此阿伦无法每次都介入。但有时还是必须为孩子说句话，让孩子知道爸爸并不支持妈妈的言语暴力。

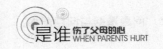

5. 适度澄清。

最好避免在配偶背后讨论他的行为，这会让孩子产生联合起来对付他的罪恶感，配偶知道后更会引起轩然大波。

若碰到较麻烦的配偶还是需要特殊的方法。以阿伦的情况为例，我建议他偶尔和儿子谈谈他母亲的行为，他可以这么说：

> 我很爱你妈，她也很努力做个好妈妈。我相信她对你说那些伤人的话都是无心的，那些话也不是事实。她小时候外公外婆对她很不好，她的沟通方式都是从他们那里学来的。她常不知道如何有效沟通，也不了解你的感受。我知道你有点怨她，我告诉你这些，是要让你知道你这种反应是可以理解的，有时甚至是应该的，不论是你妈、我还是任何人都不能那样对你说话。你是个好孩子，我相信你妈心里也知道。

感觉被排斥或被取代

很多人觉得配偶投注过多时间与心力在子女身上，相对来说忽略了自己。"我常觉得维克可能希望他娶的是像女儿那样的人，他们父女俩各方面都很相似，维克和我却完全不同。父女俩都喜欢冒险，超爱运动，喜欢户外活动，大声玩闹。我则是居家型的，讨厌户外或任何体能活动。很多妈妈可能恨不得丈夫这么用心照顾孩子，和孩子又那么投缘，我心里确实很感恩；只是我觉得女儿独占了他全部的爱与关注，我什么都没分到。承认这点真的很尴尬，当妈妈的不应该嫉妒女儿，但我真的很难过！"

也有很多女人第一次当妈妈时将全付心思投注在子女身上，让丈夫感到地位被取代。这种伤害可能会影响婚姻，甚至从此无法恢复。50岁的米奇育有15岁的双胞胎儿子，他说："初为人父当然很高兴，但那之后，我的天，我们的婚姻真的每况愈下。她以前很好玩的，喜欢做爱，很外向；当了妈妈之后，玩乐没了，派对没了，全部的时间都献给孩子。我不记得何时夫妻俩单独出去过，我们甚至没请过半个保姆！我真的可以理解有些人为什么会有外遇。"

若你因为配偶太关注孩子而感到被排斥，不妨考虑下列做法：

· 在两人都感觉亲密时，尝试接近对方。

· 告诉她你很欣赏她的某种特质或她教养子女的方式。

· 说话时语气要温柔。

· 提出你的要求。如："有时看你和儿子那么亲密，我有点嫉妒，觉得好像被排斥在外。我在想我们是不是能安排一些高品质的共处时间，增进夫妻的感情？"

· 说服她做一些两人都看得到的行为改变，如一个月出去约会两三天，增加爱的表达或多赞美对方。

· 开诚布公地讨论，即使对方无法立即改变也不要气馁。

配偶与成年子女很疏离

艾莉森的儿子亚伯18岁时搬出去住，从此不愿回家探视。理由之一是亚伯的父亲不愿弥补过去苛待儿子的过错。亚伯虽然很爱妈

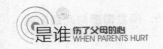

妈，但他说回到家便会想到他多么恨父亲。

　　艾莉森对丈夫很生气，他不只是个冷漠又爱批评的父亲，也不承认儿子不回家和他的行为有任何关系。艾莉森很羡慕朋友和成年子女关系密切，她对自己无法和儿子正常相处很难过，一切都是因为丈夫不够成熟，不愿意做一些补偿造成的。

如何提出重要的话题？

　　·在你们都很平静或感觉很亲密时找配偶谈。

　　·告诉他你要讨论很重要的事，务必请他全神贯注。

　　·尽可能对他的观点表达同理心。例如："我知道你和亚伯一直不太亲，他也要负部分责任。有些人就是天生比较不投缘，这也可能发生在亲子之间。"

　　·提出要求。"但我希望在这件事情上你能表现得更宽容。亚伯不肯回来是因为他觉得被你伤害，虽然你可能认为没有道理。我可以理解你的观点，但作为他的母亲，我也能理解他的心情。就当做是帮我吧，我希望你主动补偿他。"

　　·使出绝招：如果这件事让你很痛苦，努力了许多年一直无法解决，你可能必须使出杀手锏，例如威胁要分居或离婚。

威胁离婚

　　如果你经常想到离婚，也许应该让配偶知道。一项大型研究发现，1/4的男人收到妻子的离婚协议书时完全出乎意料。这表示你的配偶可能完全不知道他的行为让你多么不快乐。依据我的经验，当一个人看到配偶认真地表示想要离婚时，他会有强烈的动力去做改变。这时，丈夫可能会突然愿意去做很多原本不愿意做的事，例如去做健康检查，接受个别或夫妻/伴侣治疗，参加愤怒管理课程或父母研习营。威胁或真正诉诸离婚应该是不得已的最后一步，但如果你用过所有方法却都没用，或许只能使出这一招。

三点提醒

1. 如果你要提出离婚的要挟，应该趁热打铁。不要等到心灰意冷，即使配偶愿意改变，你也无心维持婚姻的时候。

2. 不要空言恫吓。提出后，你应给对方3至6个月的时间，届时他若还是不愿配合你的要求（如接受夫妻/伴侣治疗），你就应该真的和他分开。

3. 不要拖延数年。我看过太多人口口声声说不愿离婚，却没有做出实质性的改变，也拒绝承诺改变，诸如和外遇对象分手，努力戒酒，参加愤怒管理课程，搬回家住等，配偶却傻傻地相信，白白浪费几个月甚至几年的时间给对方机会。

本章讨论了婚姻及配偶的行为如何影响你与子女的关系，以下四点建议应该对你有帮助。

接受个别治疗

家庭有时让人陷入混乱，你可能会失去自己的定位或对是非对错的判断力。个别治疗师能帮助你得出自己的观点，找出最好的方法保护自己与孩子。

接受夫妻/伴侣治疗

配偶也许无法接受你的意见，但可以接受另一个人的。心理治疗师也可转介能开立处方的精神科医生，或为你的配偶介绍个别治疗师。尽可能及早接受治疗，很多人都是拖到问题非常严重时才愿意去找心理治疗师。

参加自信训练课程

缺乏自信的人若碰到难相处的配偶，结果恐怕会不太乐观。所谓难相处的配偶可能是不断冲撞界线、有伤害你或孩子的言行、乱花钱或过度限制你的花费等的配偶。若你不擅长表达自己的立场，不妨到社区大学修习相关课程，这方面的技巧简单易学。只要有适当的练习辅佐，你必然能摆脱处处受配偶限制的窘境，让你生活得更有尊严。

接受药物咨询

若配偶的行为让你担忧，不妨劝他去看医生，了解是否有适用的药物。若你经常感到忧郁、焦虑、愤怒等，药物也可能对你有帮助。

你也许无法改变配偶，但可以努力让自己的心灵更平静，减少愤怒，争取更多支持，不再严厉地批评自己，改变你对家庭的影响，如此才可望享有更快乐的生活，营造健康的亲子关系。

11. 子女发展不顺利

——当青春期子女与成年子女发展不顺利

　　托马斯和金妮都是75岁，育有4名子女，年龄分别是40、42、44与50岁。夫妇俩为了长女莫娜来找我。这对夫妻让我觉得他们好像来自另一个国度，绝大多数的当事人在我的办公室坐下后便会开始叙述他们的生活与问题。托马斯和金妮却双手交握静静坐着，脸上布满皱纹与愁云，仿佛非要等翻译到来才开口。他们住在大都市旧金山，穿着打扮却像我小时候看到的中西部人，且似乎故意将格子布与素色布搭配得那么不协调。

　　"我能提供什么帮助？"有些人需要我先开口，这通常是我的第一个问题。

　　"是我们的女儿。"托马斯低声提出问题，"我们不知道该怎么对她。"他说完便往后靠，仿佛听完这句话我就应该有答案了。

　　"她什么地方让你们担忧？"我问。

　　他的身体又往前倾了倾，"我们觉得她可能有抑郁症。"他

望望妻子，后者坐下之后就一直看着我。她点点头，目光依旧没有移开。

"你们为什么这样想？"

"她一直都是那样。"金妮终于开口了，语气温和，眼里却立刻涌出泪水。她和丈夫又陷入沉默。

"她自杀过吗？"我问道，"还是有什么其他理由让你们决定来寻求协助？"

"没有。"托马斯看看妻子，似乎要确定他没说错，"我想她没有自杀过。"金妮摇摇头。

"她一直就是那样。"金妮把手上的面纸揉成一团，眼泪又顺着她略施脂粉的脸颊滚了下来，"最后我对托马斯说，一定得有人帮帮这可怜的孩子，她需要帮助。她读小学时就一直没有什么朋友，也许只有一个。她没什么人缘，总是自己玩。她从小到大都有过胖的问题，当然不会太好过。"

"听起来她过得很辛苦。"这是我的真心话，"她和你们同住？"

"和我们住了一阵子，现在没有了。"托马斯说着看看妻子，表情似乎在说：我告诉过你，这么做没有用的。

"她住在教会区的一间公寓，很糟糕的地方。"金妮说，"我很不喜欢去那里。每个角落都有警察，还有酒鬼在街上闲逛。她漫无目标，老是换工作，先是在百货公司，然后是百事达，接着是哪家甜甜圈店，我记不得了。"

托马斯说："我们不知道该怎么办。其他孩子都过得不错，大家都结婚了，其中一个离了婚。但每个人都有事业，有小孩，莫娜什么都没有，以前就是这样，以后可能也是。"

"我是说她是个大人了。"金妮用恳求的语气说，一双蓝眼睛像小孩子一样睁得大大的，似乎快要哭出来。"她应该有丈夫、小孩和房子，不是吗？总得有点什么吧。但她什么也没有，我烦透了，看到自己的孩子过得这么辛苦真的很心痛。"她说着哭了起来。托马斯伸手握住她，对我露出无力、悲伤的微笑。"金妮很难过。"他低声说，"别误会，我也很难过，但她更无法承受。你能告诉我们该怎么办吗？"

这种个案确实让人同情。事实上，人若到了50岁还没有事业或稳定的感情，我不太可能跳进去像施魔法一样解决他们的问题。当然不是完全不可能，但概率不高。通常我的角色是帮助父母明白他们已尽力帮助成年子女了，他们应努力学习接受事实与寻求心灵平静，这也是本章的目标。

有些孩子为什么一直无法成功跨出第一步？

子女长大后不得志有很多理由：

· 有酗酒或药物依赖的问题。

· 有显性或隐性的精神疾病。

· 因父母的教养方式受到伤害。

· 因亲子之间差异太大，以致无法培养出孩子成年生活所需的技能或素质。

· 父母占有欲太强，唯恐孩子长大独立会伤害父母。

· 父母过度保护，无法培养出孩子足够的能力因应生活的

挑战。

·因同侪的负面影响或家庭之外的创伤，孩子失去因应生活压力的能力。

几乎每个人都希望看到自己的孩子成功，部分是出于爱，部分是为了确定自己已善尽亲职，对孩子没有亏欠。20世纪前，一个人成年后不得志，大多数人认为是其性格缺陷而不是父母的教养方式有问题。现代人对责任的归属有了不同的看法，以致父母必须承受双重负担：既为孩子难过，也为自己没善尽亲职感到内疚与羞愧。

精神疾病

38岁的保罗和两位室友同住在加州东奥克兰区。保罗从小就易怒，无礼，情绪起伏很大。其实他相当聪明，但好成绩总是维持不了多久，无法得到像样的平均分数（GPA）：到了青春期他开始接触毒品与酒精，他的情绪因而更起伏不定。保罗成年后，父母都巴不得他赶快搬出去，他的暴躁易怒让家里每个人都神经紧绷。18岁时保罗因精神病发作住院，被诊断为躁郁症。

保罗住院期间，家人认识了一位优秀的精神科医生，他建议用帝巴颠（Depakote，丙戊酸钠）治疗，这种药常用来治疗情绪障碍。此外，他还建议保罗每周接受两次心理治疗。

这个计划很完善，能否切实执行关系到保罗的将来。遗憾的是，保罗不肯配合吃药，因为他喜欢躁郁症发作时精力充沛的感觉，而不管亢奋的结果是酗酒、嗑药还是花光存款。此外，他也拒绝心理治疗，坚称治疗师只是要赚他父母的钱，且治疗师对他的分析他早就知道了。

保罗搬出去后，他的父母持续资助他许多年，但最终还是停止了。精神科医生建议，必须让保罗跌下马鞍几次，他才能学会掌控生命的缰绳。

但保罗并没有学会。他的父母求助于我时，保罗已经38岁，差一点就当了流浪汉。他因为有精神疾病可以领残障补助，至少吃住没问题，虽然住处很简陋。

保罗的父母告诉我，过去20年来他陆续接受过多次心理治疗，但总是看了几次就中断。为了贯彻始终，我建议他们给保罗提供少量金钱，前提是他必须每周接受一次心理治疗并按时吃药。保罗以不太礼貌的方式拒绝了。

父母难为

当父母一再提供协助，其范围超越基本生活所需却还是看不到任何改变时，怎么办？事实上父母能做的真的不多。父母可以继续邀子女回家吃饭（如果他不会偷走东西），经常打电话给他，或者在不加重其依赖心理的前提下提供其他帮助。若能力许可，也可付费让子女看心理医生或精神科，或求助其他有助训练独立与促进精神健康的机构。如果父母很有钱，也可将孩子送去治疗中心数月或数年，让孩子通过密集治疗与休养后找到新的生活方向。但做这些事情的前提是子女本人愿意。

此外，还能做什么呢？你总不能代替子女生活。若子女不懂得

把钱用在恰当的地方，你也不能给钱；若帮子女付账单会让他变得愈来愈无能，你不能帮他付。到头来，你或许只能悲伤地认清事实：孩子无法过你希望的那种生活。

在这种情况下，很多人会因为不忍看到父母太难过，而说一些充满希望的安慰话，但我认为这对那些已尝试过所有方法的父母来说没有太大的帮助，反而会让他们怀疑自己做得不够而心生愧疚。我虽是个坚定的乐观主义者，有时还是认得清空洞的希望没有帮助，尤其不该误以为父母对成年子女还有多大的影响力。不论父母犯过多大的错误或尽了多大的努力，孩子长大了就是独立的个体，就得自己找出一条路。父母永远是父母，给子女的照顾与教养终究有结束的一天。届时，父母的爱只能化为精神上的支持。

为人父母者也不必绝望，你还是可以让自己不要那么忧虑、悲伤与内疚。追求心灵的平静仰仗三个要诀：接受无法改变的事实、原谅孩子和自己，以及感激生命中因为孩子或其他因素所带来的美好。

毒品与酒精

卓伊十几岁时，大家都认为她前途光明，清新天真的气质任谁看了都喜欢，她果然也争取到东部某知名人文艺术学术学院的音乐系奖学金。她在那里遇到了也是学音乐的霍华德。正是霍华德让卓伊开始接触海洛因的。卓伊和很多同龄人一样，对毒品抱持谨慎的态度，但终究敌不过好奇心。到大三时，因为严重的毒瘾，卓伊已无力也无心读书。她在大三时辍学，和几位毒友同住。她没有告诉父母，为的是让父母继续寄钱供她吸毒。父母一直被蒙在鼓里，直到学校寄来学费迟缴通知。

卓伊的父母有能力送她去很好的戒治中心，但她总是没多久又故态复萌，直到步入中年仍未能成功戒毒。多年毒海浮沉，年少时的美丽、聪慧及活力都已消磨殆尽。她45岁加入戒毒无名会，终于在那里获得救赎。但认识她的人都知道她已失去许多美好的东西。

她年轻时有任何征兆吗？其实不太能看出来。她父亲的家族中有不少亲戚酗酒，因此她应该有成瘾的基因。此外，她跟父亲不太亲近，也许她内心深处有种父母从没有察觉的被排斥感，但也似乎没有严重到可以预知她有一天会掉入可怕的漩涡，落到万劫不复的境地。

卓伊的父母和我讨论时，都很感恩女儿还活着，且正在恢复中。但他们也相当悲伤，一个曾经前途似锦的女孩却痛苦地过了大半生。以她的美貌与聪慧，原本有机会过上幸福的生活，但他们的宝贝女儿却一直未能发挥潜能。她的天真无邪散发着温暖的光辉，让人忍不住要围绕在她身边，同时也吸引了一些她无力抗拒的坏朋友。父母已尽最大的努力拉她一把，最后证明无济于事。每次和他们交谈，我总能听到心碎的父母发出哀鸣：我没有把她救起来！我没有把她救起来！！我没有把她救起来！！！挥之不去的节奏让他们忽略了那声音是多么刺耳。

抛开过去

从很多方面来看，卓伊的父母和女儿在观念上有很大的差异。他们的悲伤和懊悔不难理解。但深陷在那种感觉里，只会让人无法抛开过去，迈向未来。他们为没能拉女儿一把而感到内疚，更无法看到自己及女儿的生活里依旧有值得欣喜的事物，人生依旧值得向前看。

其后几个月，我利用第二章的基本原则帮助卓伊的父母，内容如下：

检讨你应该为今日的亲子问题负起何种责任并勇敢承担。

我引导卓伊的父母写下他们自认对不起女儿的地方，然后就每一点给出具体事例。仔细检视后，发现很多项都无法成立，这让他们安心不少。但他们确实在发现卓伊有毒瘾后，仍继续提供金钱援助，导致她在此之后跌到谷底。此外，卓伊的父亲承认他经常出差和过度投入工作，让女儿觉得被冷落。

弥补你的过错。

卓伊的父母和卓伊促膝而谈，为他们造成的问题表示懊悔。所幸卓伊正在努力戒毒，课程内容也强调宽恕，与为自己的行为负责。因此，她很快便接受父母的道歉，也为自己让父母操心表达歉意。

尝试宽恕子女过去或现在对你造成的伤害（这不等于原谅错误

的行为、寻找借口或淡化你所受的伤害）。

卓伊的父母充满内疚，但也对卓伊说谎、浪费父母的钱等行为所带来的无尽的担忧与痛苦很气恼。他们运用疗愈步骤努力学习宽恕女儿，其基本内容是：

希望："希望看到女儿善用她的天赋，希望和女儿维持亲密的关系。"

教育："没有人能预知谁将染上毒瘾，卓伊的毒瘾是一种疾病，是这种疾病让她做出她自己都感到羞惭的行为。她现在已努力要改变，并非故意要伤害我们或让我们痛苦。"

肯定："我们还是可以和女儿维持亲密的关系，还是可以努力成为自己心目中的理想父母。"

长期耕耘："我们决心参加戒酒无名会家属团体聚会，深入了解这种疾病。学习宽恕自己对女儿造成的伤害，宽恕她对父母的伤害，将来也愿意讨论我们的过错。"

宽恕你对子女所犯的错。

我也请卓伊的父母运用疗愈步骤宽恕自己：

希望："希望看到女儿善用她的天赋，希望和女儿维持亲密的关系。"

教育："我们虽然犯了错，但在当时既害怕又难过的情况下，我们真的已经尽力了。很少父母遇到那种情况还能做得尽善尽美。我们从头到尾提供了很多协助，也一直用心付出。"卓伊的父亲补充说："我不知道我过度投入工作会对她造成那么大的伤害，如果当时知道，做法一定完全不同了。"

肯定："我们还是可以和女儿维持亲密的关系，还是可以努力成为自己心目中的理想父母。我们仍然会全心全意关心她的生活，帮助她过得更快乐。"

长期耕耘："我们要把重心放在女儿身上及亲子关系中依旧美好的地方，对彼此生活中依旧美好的事物心存感激。"

遵循这些步骤去做，自然就能落实一些基本原则。例如，当你学习宽恕孩子与自己，会发现同情心油然而生。反之，当你对孩子和自己心存同情，与宽恕之心的距离也只是一步之遥。

将愤怒、内疚、羞愧、懊悔等情绪放在一旁，强调希望、感恩与乐观。

卓伊父母最大的心理负担是懊悔与羞愧，这源自他们的两种"无法落实的规则"：一是没有察觉女儿有染上毒瘾的危险，二是知道女儿染上毒瘾后未能引领她走上正途。当他们认清不该对父母的角色抱持不更改的期许时，懊悔与羞愧感就能减轻。培养感恩心也能达到这一效果。

不论是身为父母还是仅就作为一个人来讲，你都可以依据你的优点与成就来建立你的个人认同与生命故事，而不是一味去看受苦与失败之处。

卓伊的父母其实有很多地方做得很好，例如非常用心爱护与照顾子女，奉献时间与金钱让女儿读好的学校，接受好的治疗。他们列出自己做过的种种努力，果然减少了因羞愧或懊悔造成的痛苦，多了一份力量与骄傲。

从朋友、家人或信仰中寻求支持。

羞愧感使卓伊的父母一直不敢将心里的痛苦告诉朋友。在我的鼓励下，他们加入戒酒无名会家属团体，从许多有相似遭遇的父母身上得到支持与启发。

回馈社会。

卓伊的父母感谢戒酒无名会家属团体的帮助，决定在教会成立一个团体，帮助那些与青春期子女或成年子女相处有困难的父母。这个团体至今仍在运作。

父母会伤人

被父母严重忽略或虐待的经验会对孩子造成长期伤害。最近的神经学研究显示，在这类家庭中长大的孩子往往会出现脑部边缘系统（limbic system）的改变。这个部位有许多相互关联的核心结构，负责情绪与记忆的调节。另外还有证据显示，持续受虐会影响海马回与杏仁核的发展，前者负责语言与情绪的取用，后者与恐惧或攻击有关。

就好像童年罹患重病可能会增加成人罹病概率一样，严重的虐待或忽略也会让人欠缺足以应付社会与经济挑战的素质，小时候较容易出现成绩不佳、逃学、嗑药、酗酒、任性妄为（尤其是男孩）、性关系混乱、焦虑症、忧郁症等问题。脑部结构改变会增加患许多疾病的风险，例如终生忧郁、焦虑，具攻击性或很难与人亲

近。心理虐待的阴影往往会伴随一个人到其成年后，甚至发泄在自己的子女身上，心理学家称之为疾病的代与代之间的传播。

55岁的麦克尔说："我父亲是高大的爱尔兰人，身高195公分，动不动就打我们。有次我只不过是坐在屋前的阶梯上，竟然就挨了打。我问：'我做错了什么？'他说：'你没做错什么，只是看起来需要教训一下。'他就是那种人，随时提醒你谁才是老大。我自己当了父亲后变得跟他一样恶劣，我不会打女儿，但儿子威廉挨打的次数大概和我小时候差不多。有些人会说他绝不重复上一代的做法，坦白说我从来没想过。现在儿子大了，各种问题都出来了——酗酒，工作不稳定。老婆怪我让儿子变成这样，我总是说：'我也是那样被揍大的，还不是长得好好的，我可不曾抱怨过我老爸！'但也许她说得对。我离家后就没再联系过父亲，看来我儿子也将延续这个传统。"

性侵害

心理学家爱丽丝·米勒（Alice Miller）说乱伦与儿童性骚扰是"谋杀灵魂"，说得真好。受到性侵害的孩童等于被夺走对人性的天真信赖。因此乱伦受害者往往在事件过后许多年，甚至这一辈子，仍觉得没有安全感。

乱伦受害者很容易出现成瘾症和自毁行为，因此长大后很难稳定下来。由于对人的不信任造成人际关系的障碍，自然不易在工作或其他领域有成就。而且他们不善于辨识人，很容易在感情中受伤，却又没有能力结束关系。

一位受害者说："我一直到三十多岁才觉醒，认清我经历了多少磨难，为了隐藏伤痛吞下多少药物，又曾经多少次将想要帮助我的人推开。终有一天你会发现，你必须用散落在身旁的碎片重新建造一个新的家。"

多年来，我帮助过不少乱伦受害者及其父母，我的心得在书中已多次提及：父母若要赢回孩子的心，唯一的机会是全心全意地尽一切可能弥补伤害。有些受害者会原谅，但很多人不会。若父母能持续展现修补伤口的最大努力，获得原谅的机会就比较大。

33岁的荷莉未婚，她在少女时期被酗酒的父亲法兰克多次性侵，而法兰克小时候又曾被受托照顾他的父辈性侵。荷莉21岁接受心理治疗时，才记起被性侵的事。她告诉了母亲，法兰克因此被关押了几年，并强制接受心理治疗。

在治疗过程中，法兰克开始面对酗酒和他带给女儿的噩梦的事实。荷莉深感父亲对不起她，充满愤怒，但父亲出狱后，还是和他一起接受家族治疗数年，慢慢产生宽恕之心。这部分要归功于法兰克写给女儿的一封封信件：

亲爱的荷莉：

我很抱歉对你所做的一切，我知道我让你的大部分人生变成一场噩梦，你绝对有理由愤怒并决定永远不见我。这样虽然会让我心碎，但我可以理解我过去的作为让你陷入很大的痛苦与混乱之中。我确实有很严重的问题才会对你做出那么可怕的事，我很努力地在接受治疗。如果你愿意，我一定可以做一个更好的父亲。如果你不愿意，我也

理解你强烈的委屈与愤怒。

爱你的父亲

以下是荷莉的回信：

爸爸：

　　我不敢相信你竟然奢望我再和你说话。你知道你把女儿当成女友让我承受了多少痛苦吗？我每天早上起床、上班、回家、锁门，祈祷上帝父亲不会在半夜进来——光是做这些事就已经很难了，你知道吗？刷牙、付账单、办驾照这些日常琐事在任何人（包括你）眼中都是理所当然的事，对我来说却是千难万难，我不认为你能体会。你知道我高中一直在吸毒是因为晚上不敢睡觉怕你进房吗？你知道我大二辍学是因为神经衰弱到无法专心读书吗？你认为我会考虑和你维持父女关系吗？绝对不可能！

荷莉

　　荷莉的信让法兰克深陷悲伤、内疚与自我厌恶之中。但在心理治疗师的帮助下，他又写了一封信给她：

亲爱的荷莉：

　　我完全了解你有那些感觉都是合情合理的。如果我的父母让我经历同样的事，我一定也是那样。我不知道你高中时吸毒，现在才知道是因为我，我真的很难过。你显然直接或间接因为我而承受了莫大的痛苦，而且至今依旧在

受苦。我永远无法把你应得的童年与纯真还给你，但我要
让你知道，即使你不想再见我，如果你决定重回学校，我
非常乐意负担你的心理治疗费与学费。如果收到我的信或
电话真的让你更难过，我会停止，否则我希望继续尝试。

爱你的父亲

法兰克继续尝试了两年，都没有得到回应。最后荷莉同意让他
一起接受几次我的心理治疗。许多年后，荷莉终于让父亲回到她的
生活里。

很多人都失败了，法兰克为什么能够成功？因为他做对了几件
事：

· 他承认自己的行为伤害了女儿并负起全部责任。

· 尽管没有得到回报，只有更多的伤害与愤怒，他仍持续寻求
女儿原谅。

· 虽然女儿的反应让他产生强烈的内疚与自厌感，他仍持续寻
求女儿的原谅。

· 他从心理治疗师与戒酒无名会辅导员那里得到很大的支持，
因而能努力学习同情自己。他慢慢明白他会性侵女儿与自己曾被性
侵害有关，因而能克制自厌感，继续寻求女儿的原谅。

很多人认为，乱伦如此可怕，怎能鼓励加害者宽恕与同情自
己？我可以理解这种说法，但无法赞同。唯有通过宽恕与同情自己
才能终结代代相传的暴力循环。法兰克正是因为能获得心理治疗
师、辅导员与教会的支持，才有足够的毅力寻求女儿原谅，弥补由

他造成的伤害。他因为女儿的原谅而重获新生，正是因为能同情自己，他才有力量去做许多让女儿考虑原谅他的努力。

冒险、焦虑与长大

一个人要真正长大成熟，必须勇于承担失望、羞愧和失败的风险，有时还要能放松警惕。曾经被虐待或忽略的人往往失去这份能力，因为他无法真正依赖任何人。

若父母曾经虐待子女又不愿弥补，或否认事实及其严重性，也就剥夺了孩子极其珍贵的能力：相信自己的观察力与验证事实的能力。

28岁的柯琳说："我把父亲性侵我的事告诉母亲，她竟然怪我。我明知发生过那件事，但有时又忍不住想：'到底有没有？也许真的像父亲说的是我捏造的。'"受害者有时在职场或社交场合中无法清楚分辨他人的意图，对于敌人与朋友、安全与威胁、机会与成本可能都缺乏判断能力。

不敢尝试

有时父母的教养方式相当合理，但孩子的天性让他在成长过程中畏惧尝试。举例来说，有的孩子天性胆怯，回避社交，极度害羞或焦虑，或对于被人拒绝非常敏感，也就很难承担恋爱、求职及升迁的挑战。

每个人都得经历一些挫折才能成为一个真正成熟的人，但有些人就是没有足够的勇气承担。因此伍迪·艾伦（Woody Allen）那句至理名言常被引述：人生百分之八十只是出现在该出现的地方。而有些人因心灵的创伤或天性的弱点，连这一点都无法做到，因为他总觉得自己太不完美，深感羞愧，渺小，不可爱，不重要。这类人深信外面的世界太危险，自己绝没有能力应付种种挑战，便刻意避开有机会证明自身能力的场合。于是他不敢去面试，不敢打电话约会、挑战男友的偏见、要求升迁、申请大学或质疑朋友的看法。在这些人心中，畏惧失败往往是根深蒂固的心理障碍。

无法离巢

孩子迟迟无法离巢，未必表示父母、孩子或亲子关系有问题。例如威斯康星大学的威廉·艾奎利诺（William Aquilino）研究发现，跟所有子女关系都不错的父母及从未离婚的父母，成年子女待在家里的可能性最大。

另一方面，现在的父母往往过度保护，也让青少年较不容易过渡到成年期。若父母将孩子的生活安排得非常妥当，避免让子女承受压力，有时反而让他们没有机会培养足够的能力因应成年后的重重挑战。

此外，有的父母明显表现出子女长大后会让他感到难过、孤单、被排斥，让孩子以为长大是一件自私残酷的事，离家就是背弃父母，追求独立形同弑杀。

妮娜与鲍伯带着32岁仍住在家里的儿子厄尔来接受心理治疗。厄尔就读当地大学时，曾短暂在外面住了一年，但辍学后又搬了回

去。我听着那对夫妻轮流抱怨儿子，很快便发现两件事：（1）两人婚姻不和谐；（2）两人虽不停抱怨儿子依赖性太强，却很不希望他搬出去，因为那样家里将只剩两人——这当然是他们最不愿意看到的！

与我在工作中见到的许多"发展不顺"的成年人一样，厄尔有种强烈的不安。他让我想起英国作家昆汀·克里斯普（Quentin Crisp）的话："父亲总是警告我外面的世界危机重重，母亲则保护我不让我跟那个世界接触。"厄尔很渴望逃离父母对他的保护，却又深信自己没有能力独立，这让他陷入两难境地。两种心理不断拉锯的结果是，他时而因父母对他不具信心而愤愤不平，时而悲观地认为无力反证父母对他的失败预言。

不少人会因为婚姻不和谐而将希望寄托在子女身上，有时额外的关注对孩子有益，但如果父母无法适时放手，恐怕害处多于好处。例如，如果孩子觉得父母的自我价值都建立在为他解决问题上，可能会下意识地制造问题，让父母有事可做。或者孩子取代了配偶，成为父母获取关注、爱、赞美和安慰的对象，孩子会搞不清楚应该更重视自己还是父母的需求，甚至认为长大、搬出去或过自己的生活就是背弃孤单的父母。

你能放手让孩子飞吗？

勾选符合你的叙述。

□我担心孩子搬出去后，我会很孤单。

□孩子搬出去后，我感觉很孤单，这让我有点担心，也担心孩子因此感到内疚。

□我有时会想从子女身上得到情感的满足，但也许我应该去找配偶才对。

□我有时让孩子怀疑我是不是真的希望他长大独立。

□我不知道自己若不当父母会变成什么。

□我应该投注心力经营婚姻，而不是把全部的重心放在子女身上。

如果你勾选一题以上，表示你可能需要帮助才能放手让孩子飞。首先不妨把你的心情写下来，这个练习是要提供自觉与自我同情，不是自我鞭笞。以下是一位母亲对自己心情的描述：

回想起来，我的确将本应该投注在婚姻经营上的大半心力都放在了子女身上，但那是因为我嫁错了人。我的小女儿不愿离开家里，我知道那是因为她不放心留下我和她父亲独处。其实我不知道这是她一再搬回来的原因，每次她搬回来我都很高兴，心想"终于有个说话的对象了"，因为她父亲可以一整天不开口。接受心理治疗后，我知道我应该让她放心，现在我很努力这样做。但我很懊悔以前让她那么担心，现在也只能试着不要太苛责自己。

过度担忧的父母

很多父母担心子女不够自信、积极、聪明或人缘不够好，这样的忧心有时是合理的，因为他们看到许多开朗成功的孩子开着车、

走在商场里或漫步在绿树成荫的校园中，不免有所感触。不幸的是，父母的担忧往往会侵蚀孩子的自信与幸福感，让父母变得过度批评与易怒，而看不到孩子的其他优点——那些与升学就业无关的美好特质。

青春期特别容易激发父母与孩子最负面的东西，这又可能会影响孩子建立自信与自豪，培养成熟的人格。这个时期最容易让父母不知所措的问题有孩子嗑药、喝酒、不擅交友（或交错朋友）、课业不佳，以及让人困惑的情绪起伏。

例如，17岁的赖瑞就读于圣荷西一所专收学习障碍孩童的私立学校。虽然性格随和，但赖瑞显然与其他青少年很不同，就连受他人排挤的孩子也排挤他。他总觉得自己与同侪格格不入。

赖瑞还有更严重的问题，就是父母对他成绩太差与交不到朋友担心到恐慌的地步。第一次咨询时，赖瑞的母亲哭了起来，父亲摇头说："他再不振作点，我们真的认为他有一天会沦落街头。他实在太不努力了，每次我进他的房间，都看到他在打那该死的电脑游戏。上个月我气得从他的手上扯下键盘，将电脑丢到垃圾桶里。这小子就是能让我气到那样。我们花那么多钱让他去读好学校，他却这样'感谢'我们。教育专家、学校咨询师及父母说的话他都不听，只做他想做的事。我不知道他以后要怎么生存。"

他母亲也加进来说："不只是这样，他没有半个朋友。学校咨询师说他老是一个人吃饭。我常告诉他：'孩子，你得自己想办法，别人不会主动来找你，你得去找人家。'但他说那里的孩子都不喜欢他，我听了很难过。他小学就有这个问题，大家都说到高中就会好，结果却愈来愈糟。我不敢想他上大学以后的情形——如果他能读上的话，照现在的情形来看……"

不论赖瑞碰到哪种父母，他的成长历程都不会太顺利。交不到朋友已经够麻烦了，何况还有严重的学习障碍。但他那双用心良苦的父母让问题更糟糕，他们因过度担忧而将赖瑞无法控制的情况都怪罪在他头上。他们一见到儿子，就老爱批评他念书或交友的方法不对，而这两件事一直都没有改善，谈话的结果只是让赖瑞感觉更气馁，更没有自信。

我劝赖瑞的父母把眼光放远，不要那么在意他能否进好大学或一两年内开始交女友。很多人在青春期人缘不佳，学业平平，长大后却很成功。有些人就是比较晚才能找到读书、交友的方法，甚至才能真正了解自我。青春期并不是人生最后的机会，虽然在某些方面可能是父母发挥影响力的最佳机会。

对赖瑞而言，一切还言之过早。他才17岁，不论父母怎么做，他都可能找出自己的路，但多一些支持、少一些批评会对他比较有帮助。一个人若不需要同时面对两个战场——一个是自己的不安全感，一个是父母——进入成年期的历程应该不会那么辛苦。

你是容易担忧的人吗?

勾选符合你的叙述。

□我常担心孩子的前途。

□我可能因太担忧而影响沟通方式，以致让孩子有被批评、被羞辱和被控制的感觉。

□我因担忧而无法珍惜或想到孩子较积极的一面。

□对孩子的担忧已对我的婚姻及人际关系造成负面影响。

□对孩子的担忧使我忽略了生活中其他需要关注的领域。

疗愈练习：减轻忧虑

忧虑常源自不理性的想法或想象的灾难。以下是父母常担心的事，后面会列出正向的观念供读者练习。

不理性的想法：孩子将来绝对无法过上好的生活。

正向的观念：有些人长大后愈变愈好，即使没有，我的忧虑对孩子和我都只有坏处。

不理性的想法：看到孩子欠缺社交生活，真让人心痛。

正向的观念：我一天到晚忧心忡忡，就好像是在对她投不信任票。也许我可以帮她解决这个问题，但前提是她愿意让我帮忙。

不理性的想法：忧虑代表关心，如果我不会担心，就等于不管孩子。

正向的观念：只有一种情况需要忧虑，就是不要忽略重要的事情。一天中花在忧虑上的时间若超过5分钟，就太多了。

疗愈练习：以行动减轻忧虑

若你无法停止忧虑，则可能要通过行为练习来减轻忧虑，追求心灵的平静。以下是几个诀窍：

与自己约法三章，一天担心孩子的时间不要超过5分钟。接着做以下几件事：

·打电话给朋友，但除非能让你更好过，否则不要谈你的孩子。务必确定那位朋友能支持你，而不是让你觉得内疚或被误解。

·大声播放你喜欢的音乐。

·运动。

·阅读引人入胜的读物。

·散步、爬山或接触大自然。

·静坐。

·练习瑜伽。

对孩子的失败产生灾难性的想象

对很多父母而言，恐惧孩子会发生不好的事是一大折磨。尤其是当孩子学业不佳、社交不顺、长大后发展不理想或与父母不亲的时候。我在工作与生活中发现有件事很重要，那就是要了解什么事可以控制，什么事不可以。这里列出几项建议：

·接受心理治疗。

·让青春期的孩子接受心理治疗。

·让成年子女与你一起接受家庭治疗，若无法做到，可以请教心理治疗师该怎么做。

·如果青少年子女有嗑药或酗酒的问题，要求他戒毒或戒酒，否则取消他的某些权利。

·如果成年子女有嗑药或酗酒的问题，要考虑适度"介入"。

·提升沟通技巧。

·照顾自己的身体，注重适度的运动，保证充足的睡眠与健康的饮食。

·争取亲友的支持。

·从信仰中寻求力量。

·确认你的生命除了父母的角色之外，还有其他意义。

克服绝望感

绝望感通常来自对自己的灾难性想象、对孩子的未来或亲子关系的负面预测。一个人对子女感到绝望时，通常代表脑子里有以下不理性的思维在作祟。

·他不可能出人头地。

·她的行为和我们的关系都说明我很失败。

·若情况再不改善，我会觉得很孤单或很没能力。

·我的人生完了。

·我会觉得很空虚。

·我会愤愤不平。

·我永远快乐不起来。

我们举例来练习用正向思维对抗绝望感。

不由自主的想法：他不可能出人头地。

正向思维：关于青春期子女——"也许吧，但只要他还在我的屋檐下，我会尽一切力量帮他。如果我现在就开始做，我会努力运用本书的技巧，学习接纳与宽恕自己。"

关于成年子女——"也许吧，但我让自己深陷在忧虑与懊悔之中没有任何用处，只会让自己更难过。享受人生并不自私。"

不由自主的想法：她的行为和我们的关系都说明我很失败。

正向思维："每个父母都希望自己做得更好。如果我犯了错，我会努力补偿孩子。但我也要在其他方面寻找值得感恩、快乐与骄傲的事情。"

不由自主的想法：若无法与孩子维持亲近的关系，我永远快乐不起来。

正向思维："不论过去或现在发生什么事，我都有资格过快乐的生活。追求快乐是与生俱来的权利。我虽然很希望孩子回到我的生命里，但还有很多方法可以让我过得很好。"

疗愈练习：克服失望

首先必须放下你对孩子不切实际的希望。这可能意味着不再期望孩子在学业、社交、爱情或经济上达到你的期待，或是承认你与孩子永远无法如你希望的那么亲近。抑制失望情绪才能找回心理的平静与健康，就像一位父母所说的："我发现一定要认清那只是我'梦想'中的孩子，不能再紧抓不放。我其实是（不知不觉地）通

过儿女来实现我的生活目标，因为女儿当过童星，有点小成绩。另外，我一直希望儿子成为动画家或飞机驾驶员（事实上他现在30岁，无业，可能还有毒瘾）。我明白是我在强迫儿女来实现我的梦想，他们当然无法达到我的标准。我丈夫在大学教书，他有自己的期望。我必须学会从小处获得满足，例如能看到孩子一天天进步就够了（虽然数学成绩是C而不是A），不要因为孩子达不到我的标准便失望。现在我的四个成年子女不论在经济或学业上的成就如何，和我的关系都很好。"

为孩子担忧只会让你的生活充满焦虑与沮丧，严重影响甚至毁掉你的婚姻。此外，你可能因此忽略了其他孩子、家人或朋友，他们都需要你的爱与关怀，也能为你付出爱与关怀。担忧只是在浪费宝贵的人生。

12. 成年子女不愿和你联系

——成年子女与父母的关系

忘恩负义的子女,

比毒蛇的利牙更伤人。

——莎士比亚,《李尔王》(*King Lear*)

这是每个父母无法承受的噩梦。你辛苦养育长大的孩子离开了,不回你的电话,对你的电子邮件视而不见,你尝试和他接近也屡遭排斥。他当然有他的理由:你的教养方式太糟,对配偶太恶劣,你太自私,对子女不够关心,太粗暴,不该离婚等等。因此,他决定发动"核武器",跟你完全切断联系。

这种情形并不罕见,但很少有人会拿出来谈,即使是好朋友也说不出口。因为这种事太痛苦也太丢脸,而且会引发许多让人难以回答的问题:

"你试过打电话给他吗?"

"是的。"

"质问过他？"

"是的。"

"试过让他接受心理治疗？"

"是的。"

"试过对他的行为设限？"

"是的。"

"向他道过歉吗？"

"是的。"

"和他分享你的观点？"

"是的。"

"解释过你当时的状况？"

"是的。"

"让他也尝尝被人拒绝的滋味？"

"是的。"

……

有时候无论父母做什么都无法挽救与成年子女的关系，但多数人都无法接受这个可悲的事实。当然，有些情况是可以挽回的。本章旨在提供一些建议，帮助你找到心灵的平静，不论生命中有没有子女。

家庭会伤人

很多理由会造成成年子女暂时或永久与父母切断联系，理由如下：

· 成年子女有精神疾病或酒瘾、毒瘾。

· 对父母的对待方式感到愤怒或受伤。

· 对父母之一对待配偶的方式感到愤怒或受伤。

· 与同性别的父母站在同一阵线。

· 在离婚或冲突剧烈的婚姻中，其中一位父母明白表示需要子女的支持。

· 因父母反对子女的性倾向、政治、宗教、生活方式或伴侣而反弹。

· 对父母的性倾向反弹。

精神疾病或酒瘾、毒瘾

一个人若有精神分裂症、反社会人格、边缘性人格或表现出极端的社交回避倾向，离家后可能就会很少与父母联系，因为这样的人本来就很难维持长久的关系。此外，孩子若属于反社会人格或其他人格障碍的与高风险人群，父母教养起来会特别棘手，也就很难保证孩子长大后不会与父母疏离。32岁的霍华德说："我对罗比说过很多愚蠢的话，到现在我没有一天能忘记。罗比是个麻烦的孩子，老是惹出各种事情让我生气——成绩不好、偷汽车、偷钱等等。我从来没想到我会打小孩，但我不只一次打他，甚至还发生过父子扭打的情况，尤其是他长大以后。我没有犯错吗？当然有。现在我每天都在付出代价，他搬出去一年以来没有任何消息。"

研究显示，若子女长期有精神疾病，母亲最可能罹患抑郁症。若子女长大后无法独立，母亲会觉得自己很失败。海伦便是如此，

她的女儿乔琳已40岁。"乔琳18岁时第一次崩溃，那次很可怕。其后十年多次进出精神病院，一直和我们同住。很大的问题是她不按时吃药，一停药就无法正常生活，会开始说什么政府在院子装东西监视她之类的话。她28岁时决定搬出去，坦白说我和老公都松了一口气。我们不认为她能独立，但和她同住根本无法正常生活，不知道她何时又会发病，或惊恐地缩在角落。但我不应该让她搬出去，这些年都没有她的消息。她偶尔会和一个表妹联络，表妹最后一次听到她的消息是她要搬进一处类似公社的地方。不知道孩子的状况真的很糟糕，比孩子死了还惨。我没有一天不担心她，孩子再大总是自己的孩子。"

酗酒、嗑药的孩子可能因下列理由切断与父母的联系。

·若孩子从青春期就开始长期酗酒、嗑药，亲子关系可能会非常紧张；有些孩子会偷父母的财物，出现言语甚至肢体暴力，违抗父母等。

·孩子因感到羞愧而切断与任何人包括父母的联系。

·孩子的成瘾行为是对父母的反弹，例如因父母有言语、肢体、性方面的虐待，孩子感到愤怒、受伤、恐惧而逃避到酒精、毒品中寻找"安慰"。

·孩子有遗传的焦虑症或重郁症之类的精神疾病（与教养方式无关），一开始的成瘾行为其实是为了不让精神疾病爆发。

离婚

我在第九章提过，离婚会让亲子之间长期疏离的机会大增，理由很多：父母在离婚前或离婚后的行为让孩子感到受伤、愤怒、被背叛，如外遇、未支付子女抚养费等。有些父母会对孩子说"你母亲根本不要你"，或"你小时候从未得到父亲的照顾，都是我一肩扛"。离婚也可能让孩子觉得必须支持受委屈或心理上较脆弱的一方。

孩子也可能会觉得对同性别的父母有较强烈的忠诚感或义务感而排斥另一方；或者父母在离婚后的行为让亲子间出现裂痕，如亲子相处时间很少，父母之一经常抱怨另一人；或者再婚对象是孩子非常不喜欢的人。

我碰到过成年子女减少或切断联系的理由是父母一方承认自己是同性恋，然后离婚。在这种情况下，他不仅失去了子女的爱，同时还要承受因子女排斥其性倾向而带来的伤害或愤怒感。一位同性恋父亲曾说："我一向教导16岁的儿子要心胸宽广，我离婚一年后，他对我却很恶劣。我原本只担心我父母的反应，从不担心儿子。我父母倒是很宽容，儿子却有近两年时间不肯见我，这真的是这辈子最痛苦的经历。"

不正常的婚姻

研究显示，若婚姻中有很多冲突，子女较可能选一边站。母亲不太会与女儿维持亲密关系，父亲更是容易与儿子疏离，这种现象甚至会持续到子女成年后。25岁的罗丝说："也许我爸妈离婚比较好，他们毫不掩饰对彼此的厌恶，虽然他们现在还在一起，但我一点都不想和其中一人相处。我有什么理由和他们在一起？我已经建

立自己的家庭了。"

在冲突不断的婚姻里，父母处理情绪的方式通常就是羞辱、吼叫、指责，甚至对彼此甚至小孩施暴。在这种家庭中长大的孩子往往不知道如何与人沟通，这又让冲突变成长期的问题，因为父母与子女都不知道如何建立彼此之间沟通的桥梁。

教养的错误

父母若有言语、肢体或性的暴力，酗酒，嗑药，忽略，过度批评等问题，便可能在孩子的心中留下伤痕，让孩子再也不愿意给父母弥补的机会。

有时孩子长大后对父母并没有负面的感觉，但光是长大这件事就可能造成亲子裂痕。一位大二的学生说："我父母很不能接受我长大离家这件事。我申请到东部一所优秀大学的全额奖学金，他们却拼命说服我读本地的学校。大一上学期，我如果没有每天晚上打电话回家，他们便紧张得不得了。我心里想：'拜托，放手吧！我知道你们很爱我，但也该剪断脐带了吧。'他们让我承受沉重的内疚感，我真的一点都不想打电话。"

孩子长大后，也让父母有机会批评他的生活，容易引起冲突的方面包括伴侣的选择（或不要伴侣）、宗教、经济、育儿、邻居、性倾向等。

30岁的律师马提说："我的历任女友我母亲都不喜欢，她也受不了我的妻子。不错，我太太是比较强势的纽约人，但人很好。我后来实在受不了母亲对我妻子一再抱怨，便说：'我不想再听到你对艾琳有半句怨言，如果你要见我和孙子，就不要再抱怨。'但是她依然如故，最后我们便不再去探视她了。"

如果你不喜欢或不赞同成年子女的伴侣——

尽量避免：

·批评孩子的选择。如果你希望和成年子女多相处，就必须接受他的伴侣，即使你绝不会为孩子挑选那样的伴侣。若子女针对夫妻相处之道请你提供意见，你可以说几句话，但语气必须委婉且不带批评态度。

·孩子没有请教而主动提供育儿建议。不错，你在这方面的经验比较丰富，但不表示孩子欢迎你的宝贵意见。关于金钱、家务、事业、宗教、休闲等方面也是如此。

·以任何方式迫使孩子必须在你与伴侣之间选边站。

尽量做到：

·通过言行表示接受孩子的伴侣，让对方知道你喜欢或认同他的某些特质。切记一句至理名言："如果你没有好话可说，那就什么都别说。"如果你有担忧，只能在极少数情况下表达，而且必须用正面的方式。如："罗伯真的很风趣，难怪你那么喜欢他。他好像常喝酒，没关系吧？"如果孩子明白表示希望你协助他结束感情，你可以适度表达支持。如："罗伯显然有酗酒问题，我可以想见和他共同生活会很困难。你不是说过要离开他吗？是什么原因让你无法离开？"请注意，你对罗伯酗酒问题的观察是一样的，但不同的情况下说出来的话便不同。若女儿和罗伯已生育孩子，你

要帮助女儿在离婚前采取渐进的调适步骤，但前提是女儿希望你帮忙。

·看到子女好的一面。若你不赞同子女或其伴侣的育儿方式，请找出你赞同的部分加以称赞。

若子女的伴侣有暴力倾向，你必须直接表达关注。但还是要记住子女已是成年人，必须自己找到一条路。看到子女选错伴侣固然心疼，但若让他觉得受到批评、羞辱或控制，反而会使他更坚持错误的选择。

进入成年期

现代人进入成年期的时间比以前晚很多，这造成父母与离家的子女很容易发生问题。以下列举几项理由：

·父母有时无法理解子女为何做不到自己在那个年龄做到的事，便做出让孩子受伤的反应。

·成年子女因工作不顺或经济困窘而感到羞愧，采取排斥、拒绝父母的方式来建立自我认同。

·现代人的亲子关系比较密切，这显示出子女对父母的情感依赖期延长，因此子女也需要更长的时间来"证明"自己的独立。

亲情不能有条件

现在的子女成年后仍接受父母资助的比例比以前高很多。根据密歇根大学社会研究院的资料，18到34岁的人有34%定期接受父母经济上的资助。美国政府2005年的资料显示，中等收入的父母养一个孩子到17岁要花19.098万美元，但现在的父母可能得再加上这笔数字的1/4。

据统计，除了金钱方面的付出，父母每年要花9周帮18到34岁的子女带孩子，接送孩子和清洗衣物。这固然有助于拉近亲子关系，却也导致冲突机会大增。

很多父母以为给子女提供时间或金钱后（即使并不多），便理所当然可以要求回报。25岁的山姆说："我爹妈帮我买了现在住的公寓，我当然很感激他们，但另一方面我觉得他们好像利用这件事来绑住我。好像帮我一点忙，就可以随时要求我去陪他们；如果我不去，他们就会说一些难听的话：'我们为你做了那么多，偶尔要求你来陪一下都不肯？如果没有我们，你现在说不定要流浪街头了。'我很想说：'不能因为你们帮了我，就可以命令我，我又不是才12岁。'但最后我告诉自己：'管他的，我就是不回去，他们还能怎样？'"

也有很多成年子女以为父母提供时间或金钱是理所当然。现在这种情形确实较常见，以致有些子女对父母未能提供援助直接表达不满。就这点而言，现代的父母比以前承受的压力更大。就像一位父亲说的："我在儿子那个年龄已娶妻生子，有工作和贷款。这些他都没有，却还在当伸手派。他已经23岁了，如果他提出任何金钱要求而我不能满足他，就好像我是个失职、虐待子女的父亲。这是什么世界？"

尽量避免：

·提供时间或金钱协助时，发出模棱两可的信息。若孩子向你要钱，而你觉得亲子共处时间太少，不妨直接说出来。如："我很乐意借（或给），但我希望能有更多时间和你在一起。什么时候可以呢？"

·表现出受委屈或不堪负荷。也许你只有在孩子需要帮助时才见得到他，但也不能因此就抱怨连连。如果我每次听父母抱怨就能拿到钱，那我现在一定很富有。其实你不必太为难，若你不想帮忙可以拒绝，但不要表现出受委屈、振振有词的夸大姿态。你偶尔可以利用这点从子女身上争取一些时间（就像要给他们拔牙一样难）。

你可以说："好啊，下星期我们一起吃个饭，到时我再拿给你。"

她说："我有事。"

你说："没关系，你看哪天有空一起吃饭啊。"

她说："我都没空，我只想知道你愿不愿意借我钱。"

你说："我愿意，但我希望能感受到这是母女的互动，否则我会感觉不太好。我很乐意有时帮帮你，但我们之间不能只有这种关系。"

请注意：这种话不能每次说。孩子长大了，需要学习独立，每次帮忙都要求附带条件对孩子并不好，而且孩子请求帮忙的次数可能不会太少。但若孩子真的只有借钱才来找你，你偶尔可以要求附带真正的亲子互动。

·避免让孩子感到内疚，不要说，"我在你这个年纪时已有房子、车子、稳定的工作和两个孩子，你是怎么回事？"或"你怎么老是来找我借钱？到底是怎么回事，我烦死了"。

尽量做到：

·无论同意或拒绝都要明确表达。如果你要拒绝，可以说："我很想帮你，但现在实在不方便。"如果这不是由衷之言，可以说，"很抱歉，我上个月才借过你，我希望你能先还钱"，或"不，我希望这次你可以不用我帮忙而找到其他方法，希望你不要心生芥蒂"。即使他有，只要你认为是对的，就该这么做。切记：与其轻蔑地答应，宁可尊重地拒绝。

·提供时间或金钱时不要求回报。提供时间或金钱并不表示你就有权利告诉孩子如何运用，你没有义务勉强自己付出，也绝对有权利拒绝。但如果你要答应，小心不要将你的慷慨与善意绑上太多的附加条件。

成年子女的分离内疚与分离焦虑

孩子接近20岁时，父母和孩子都将面对许多艰难的挑战。父母会担心孩子能不能上好的大学，之后能否适应。不论父母还是孩子都会担心高中或大学毕业后工作愈来愈难找（这确实值得忧虑）。

当孩子告别亲密的亲子关系走向成年，可能还要经过一番心理调适。就好像有些伴侣分手后必须诋毁对方才不会想念，有些孩子将父母妖魔化，好证明他不需要依赖父母也能活下去。

艾莲娜有个读大学的19岁女儿。"她的变化让我完全措手不

及，短短两个学期，我从女儿最好的朋友变成最仇恨的敌人！她突然开始抱怨我太自私，她绝不希望像我一样，还说我从来没有好好听她说话。真的让人心痛到不知所措！"

艾莲娜的女儿可能是通过排斥母亲的方式来表现独立。被排斥的一方当然很不愉快，但对主动排斥的一方却很有帮助。为什么会这样？因为从女儿的角度来看，这等于是告诉自己："她给我的这么少，我怎么可能相信她？我从她身上又得不到什么，怎么会需要她？"

可以想见，很多父母会误解这种现象，很自然地反过来排斥子女，尤其美国文化视报复与反击为理所当然。请记住，这绝对是错的，当成年子女找理由批评你来拉开与你的距离时，绝对不要反击。这是子女寻求独立自主的发展历程，父母若反过来指责或排斥他，只会让人怀疑是占有欲在作祟。

这当然不是说你只能微笑点头，任由心头滴血，而是要想清楚孩子为何那么说，再慢慢思考对策。以下是你感到被攻击时可以考虑的做法：

1. 深呼吸，让自己平静下来才能清楚地思考。在平静下来之前什么都不要说。高特曼说，当每分钟的脉搏比平均速度快10倍时，思考力会大幅下降。如果你平静不下来，可以说："我很在意你说的话，也希望我们的对话有建设性，所以容我想一想再打给你。"

2. 倾听最真实的部分。每个人的抱怨里几乎都能找到真实的部分，哪怕只是一小部分。即使你认为有些夸大，也请试着表示了解。"我能明白你为什么会有那种感觉。"这并不是要你承认自己不好或不称职，只是要保持沟通管道畅通，让孩子的心理反应不致太过强烈。

3. 询问孩子要的是什么。更多个人时间？父母表现出更多的耐心、接纳、克制？不要假设孩子一定知道，亲子互动往往是形式胜于内容。也就是说，重要的不是你的用语是否绝对无可挑剔，而是你是否表现出可以宽容孩子已成为独立的个体，让他有自己的想法。有一点可能是你必须忍受的：有时孩子会因为批评你或你的教养方式而获得最大的成长，你唯一能做的是心情不要太受影响。

4. 几周后再找孩子讨论同一话题。"我想问问看你对上次谈过的事是否还有其他想法，沟通的大门永远为你敞开。"这么做的目的是让孩子知道你能够承受打击，可以坚强地接受他去追求独立，或严厉地批判你，你尊重他这种新的成人面貌，愿意用心倾听。

5. 你不必忍受不合理的对待。容许批评与抱怨不等于忍受不合理的对待或轻蔑。如果你发现自己太难过或防卫心太强，请回到第一个步骤。

继续尝试

碰到成年子女切断联系或大量减少联络时间的情况，多数父母都放弃得太早。这是可以理解的，当一个人一再当着你的面把门关起来，尝试靠近是很痛苦的。但我总是建议案主要继续尝试，因为情况往往会随着时间改变。子女可能会碰到某种情况需要向你求助，保持沟通管道畅通会让子女更愿意开口；也可能子女有了新的

伴侣，受到新伴侣的影响发现你其实没有那么糟；或者子女比较成熟了，能够谅解你离婚的苦衷，知道父母只是凡人而已。

如果你没有继续伸出双手，可能会无意间让孩子觉得他好像没有权利抱怨，有任何不快都要赶快抛开。我的一位案主说："我母亲似乎以为向我道歉一两次之后，她对我被继父性骚扰这件事就不再负有任何责任，从此再也不必提起。我觉得她根本不关心我，她只想到自己。好像我不应该拿我的问题困扰她，她也没有责任保护我。"

继续伸出双手是父母应有的行为，是关心与用心的表现。这代表你永远愿意和孩子沟通，代表你有宽广的心胸，对孩子有深厚的感情，即使唯一的回报是悲伤，还是愿意为他奋战下去。

这里提供一个重要的原则：当你感到被背叛或被伤害时，必然很想切断或收回对孩子的资助。千万不要！你对一个孩子有多慷慨，对其他孩子也要一视同仁。若你帮助乖巧亲近的孩子负担大学、结婚、育儿的费用，那么你即使咬牙也要帮助排斥你、伤害你的孩子负担同样的费用。为什么？因为你阅读本书，不就是为了与孩子和解、找到心灵的平静吗？因此你要为未来开着一扇门。有些孩子在二十几岁甚至年长之后依旧表现得很不成熟，任何人看了都会认定亲子和解是不可能的。然而情况通常会改变，而且父母若偏袒其他兄弟姐妹，必然会对这个孩子造成极大的伤害。

再提供一个重要的原则：即使你知道孩子会拒绝，还是要继续提出邀请。"今年夏天我们要去怀俄明州度假，你要不要一同去？"孩子也许会拒绝，但至少知道你提出邀请了。如果因为他有种种可能的问题你实在不希望他来，你的邀请可能要附上条件限制。杰科有个23岁的儿子，他说："他很爱喝酒，真的不好相处。你不知道他喝完酒会不会闹事或乱发脾气，最后我只好对他说：'这个星期天我们很希望你回家来吃饭，但前提是你不能喝酒。你一喝酒整个人都变了，你自己可能不太清楚。所以除非你保证不喝，否则还是别来吧。'结果我们有一阵子都没看到他，我心里当然不好受，但也只能自己调适。我还是会打电话与他联系，后来他开始戒酒，情况改善很多。"

就18到30岁的孩子而言，我建议大约每周联系一次，可以通过电子邮件、电话或卡片。内容尽可能简短扼要，但要有感情。"儿子，只是打通电话看看你在做什么，很想知道你的近况，好好照顾自己。"

你可能一个月甚至几个月才听到孩子的消息，也可能觉得关系正在改善时，过去的问题又突然重新爆发。一位离婚父亲说："我感觉和女儿的关系好像在坐旋转木马，明明觉得过去都已经过去了，却突然因为我说了某句话或她听了她母亲的话，我又重新变成世界上最糟糕的父亲。这样反反复复真的让人精疲力竭，我很怀疑是否可以恢复正常的亲子关系。"

若子女告诉你别再和他联络，你该怎么办？在这个年纪你应该充耳不闻。你可以说："我做不到，你是我的孩子，我无法不打电话给你。"我会强调这点是因为你是他的父母，不是朋友。你不需要每天打电话，但大约一周联络一次不算多，生日节庆也可以寄卡片或礼物。即使他看都不看就删掉留言、丢掉卡片或不拆开礼物，但重要的是你的行为有象征意义。总之，你要让家门敞开，显示你会坚强地为挽回亲子关系奋战下去，也愿意就过去的心结展开

对话。

有些成年子女会因父母太常联系而感到麻烦，若你确定子女感觉困扰多于爱，那就宁可保持一点距离，尤其当子女自己偶尔会主动与你联络时。

关于过去的对话

随着子女逐渐长大，不妨把你的看法适度向子女做一些澄清。你应该先问孩子是否愿意听你解释。"当时专家认为不适合把全部真相告诉你，所以我没说。我不确定你是不是准备好了，但我会尊重你的感受。"我治疗过的一位母亲是这样处理的："我等到儿子24岁才告诉他我当年为什么要离开他父亲。我和前夫听从咨询师的建议，假装离婚是双方共同决定的，以免孩子觉得必须选边站。这对我来说非常困难，儿子对我有很多责难与愤怒，我对他父亲的不满只能全部往肚里吞。但等到儿子24岁时，我想应该可以说出我的感受了。他提出很多问题，听完我的解释后他觉得很有帮助，也比较能谅解我。事实上那次谈话之后我们更亲密了，我感到很欣慰。"

自我辩护的时机与方法

前面一再谈到要为过去的错误承担责任，我指的是合理的责任。真正面对子女的指责时（即使是很不合理的指责），多数人都会深感内疚。如果你明明没有犯错却表现出极度内疚，可能会带给子女混乱的信息。为严重的错误忏悔是有益的，为扭曲的指控懊悔对任何人都没有好处。孩子长大成熟后，你可以明确地反驳不实的指控，当然不是表现出敌意、防卫的姿态，而是展现你的坚强。例如：

孩子说："我小时候你一直只关心自己。"

你说："这句话你以前就说过了，这不是事实。我当然不是完美父母，但对你确实非常用心照顾。"尽量避免引发孩子的内疚。不要说："我为你做了那么多，你怎么这样对我？"你只要说出事实就好了。

孩子说："离婚后你对妈妈很坏，根本没给我们足够的生活费。"

你说："我知道那些生活费对你和你妈来说是不够的，我和你妈都希望那笔钱可以发挥更大的作用。但我还是要让你知道，法院判决的抚养费我一毛也没有少给。"换句话说，一方面你要承认另一方的说法，"我知道对你和你妈来说是不够的"，另一方面也要说出你的看法。离婚后孩子可能感觉生活水准大幅下降，甚至因此感到羞愧或失去尊严，你也要承认这一点。

这类对话通常都不太容易，孩子可能会说："是啊，但你住在漂亮的豪宅里，妈妈却要租房子。她到现在还很拮据，你却轻松得很！"

你说："我知道，但大部分的钱都是我离婚之后赚的（或结婚之前的财产）。我知道你妈很生气我离婚后过得更好，但我给她的其实已超过了我应该给的，看起来还算公平吧。"切记：不要一次将全部细节或你的全部观点都摊开来。这类对话影响很大，必须谨

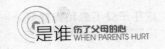

慎应对。当然，你也许要等待几个月，甚至几年后，才会有下一次解释的机会。

以下为一个常见的例子。

孩子说："你背叛爸爸，我永远无法原谅你。"

你说："我可以理解，也不要求你原谅。但当时你父亲对我很不满，拒我于千里之外，而且那种情形延续了好多年。我感觉很孤单。当然，我对自己的所作所为并不自豪。"

孩子说："我还是认为你不应该那么做。"

你说："我可以理解，如果我是你，应该也会有同样的心情。但事情比你想象的复杂得多。对当时的我来说，离婚是无法想象的，我不愿意让你们兄弟经历父母离婚的痛苦，而我却因为不够成熟而选择以外遇来逃避。回头看，如果当时能面对这些感受，我应该会做出更明智的选择，今天也就不会这么痛苦了。"

能够不让成年子女知道父母所有的生活细节是最好的，但如果孩子对你的看法受到他人的"污染"（尤其是像父母这样具影响力的人），厘清真相反而对孩子有益。但注意要适可而止，且不可借机打击你的前任配偶。此外，这种对话适合25岁以上的孩子，不适用于十几岁以下的孩子。

有些父母很不应该，他们对年幼子女诉说另一位父母的坏话。他们的借口是：

· "我只是觉得孩子有权利知道。"

· "我不想让孩子以为离婚都是我的错。"

· "我不想让孩子以为我们的婚姻不和谐或离婚过程不愉快都是我的错。"

这些理由不是没有道理，但请等到孩子长大成人且已有了解真相的需要或心理准备的时候。为什么？因为孩子对父母有一定的认同，即使长大成人也不例外。怀恨或轻蔑另一个父母就等于怀恨或轻蔑自己。孩子非常需要知道父母基本上是良善的，不论你多不谅解另一半都不应剥夺孩子这方面的权利。

30岁以上的子女

与30岁以上子女的相处之道，和与18到30岁之间的孩子有些不同。你必须努力很长一段时间才能假定亲子关系无法更进一步，但到某个时候你可能必须接受孩子不想再与你有任何瓜葛的决定。孩子30岁时，你大概可以知道你的努力对他来说是困扰、可以接受，还是很受欢迎（虽然你得到的回报很少）。对于18到30岁的孩子，我建议一周联系一两次；30岁以上的孩子若没有回应，也许应减少联络次数，到生日节庆才联络。

无论如何，当孩子选择保持距离时，请避免引发他的内疚感。孩子切断与父母的联系，通常自己也很痛苦，虽然表面上未必看得出来。即使你有合理的理由，但愈指责他，只会让他愈不想和你联络。不少父母听到我这么说的反应是："我已经不在乎了，反正我已没有任何损失，还不如让他知道他这样对我有多伤人。"我的回答都一样："如果你真的不在乎，自是另当别论。但如果你在乎，只是为了反击才这么做，请三思而行。你会得不偿失，将来和解的机会更渺茫。"

当孩子选择切断联系时，我建议父母主动表示："我很希望我

们能常在一起，但我最在意的是你快不快乐。所以，我虽然不完全了解你为什么不想见我，但如果你需要这么做，我不希望你感到内疚。"切记：孩子会这么做并不是为了处罚你，最主要的理由是因为他觉得这样对自己最好。

具有讽刺意味的是，最不想与父母联络的孩子通常是最需要父母帮助他减轻内疚感的孩子。为什么要帮助这样不知感恩的孩子？莎士比亚不是说忘恩负义的子女比毒蛇的利牙更伤人吗？那是因为为人父母就是不断付出，哪怕是短期内没有回报，甚至长期来看也可能没有回报。说起来确实有些无奈，但这是你决定当父母时就该有的心理准备，因此你没有必要自怨自艾。当然，抱怨是免不了的：被自己的孩子摒弃是何等心痛，但还是要忍痛勉力善尽责任。

因此，即使你已接受子女不想与你有任何瓜葛的事实，你还是可以写一封信为未来的和解铺路，开头可以这样写——

亲爱的××：

你永远是我深爱的孩子，我知道在你的成长过程中我犯了严重的错误。

或者是——

我知道你一定很痛苦，才会想切断与我的联系。

或者是——

我知道我离婚前（或离婚后）对待你母亲/父亲的方式让你很难过。

接下来可以这样写——

为此，我内心充满懊悔，一直很努力想补偿你，也很愿意和你好好谈谈，只希望能让我们更亲近。我很想知道你的感受，只要对你有帮助，我随时等待你的来信或电话，甚至可以一起接受家族治疗。

我真心希望你快乐，也逐渐接受你不想和我联系的事实。身为你的父母，无法见你当然很心痛。但如果你认为这样对你最好，那么我不想你有任何内疚感。你一定有很充分的理由（虽然你内心未必认可），我可以接受你的决定。但只要你改变心意，这一生我永远为你敞开大门。

爱你的爸爸/妈妈

治疗伤痛

教养子女的过程中会留下很多伤痛，切断联系可能是最痛的一种。改善关系或接受现实需要很多努力与练习，但有几个简单的步骤可以帮助你获得心灵的平静。以下是几点建议。

尽量避免：
· 自责。你可能犯过很严重的错误，回想起来，也许孩子真的

有理由不谅解你。但你还是值得得到宽恕，就算不是来自子女，至少可以来自其他人。请自问："我要在炼狱里待多久才能重生？我要承受多少痛苦才能有正常的生活？我还要如何忏悔才可以说：'好了，我要把这一切抛到脑后。我已尽力弥补，但孩子还是拒绝我。虽然我希望他有一天回心转意，但现在我决定继续往前走，不论有没有孩子相伴。'"

·紧紧抓住愤怒与责难的情绪。被亲骨肉切断联系往往会引发强烈的愤怒。愤怒情绪在一段时间内是健康的：即使你犯了错，孩子对待你的方式也可能太过分。但到某个时间点，你终究必须放下，紧紧抓住愤怒的情绪不放只会让你过得很不快乐。深陷在负面情绪里会让别人更难对你好，你也很难对别人付出。不仅如此，你将无法看到你自己、你的人生、朋友、家人及这个世界还有美好的地方。就像拉斯金所说："愤怒与伤痛有时是必要的，但这两种情绪不是美酒，不会随着岁月的累积愈陈愈香。"一位母亲说："我看过太多父母深陷在悔不当初的痛苦里，苦苦思索到底教养方式哪里出错了。我对已走出阴影（多数时候）很满足。事实上，今天我为女儿买了一张母亲节卡片，很普通的那种。我附上一张小额支票，称赞她是个很棒的母亲，就这样。我难道不想多做些什么，说些什么？当然想，但事实就是如此，我不想将生命耗费在悲伤里。人生不完全是自己能掌控的，我不想坐在那里怨叹已失去的东西，而错过了未来的生活。"

戒酒无名会家属团体教导人艾尔·阿农（Al Anon）说："先在愤怒中将自己抽离，然后进入漠然阶段，最后进入爱里。"这里面隐含很大的智慧。愤怒很适合做悲伤的第一步，但不是最后一步。你终究必须放下愤怒情绪，努力宽恕自己与子女，才能真正获得心灵的疗愈。

如何从愤怒中抽离

放下愤怒情绪的第一步是认清你与愤怒情绪是分开的。威斯康辛大学神经科学家理查·戴维森（Richard Davidson）指出，静坐能让大脑内侧前额叶皮质（medial prefrontal cortex）的神经网络变得更强韧稳定，也就能强化大脑的控制中枢。作家凯萨琳·艾利森（Katherine Ellison）说："静坐最大的作用是改变你与情绪的关系，而非情绪本身。你会看清楚每一刻的情绪波动，也就能不为所动。"

艾利森提到马修·李卡德（Matthieu Ricard）的练习，此人集僧侣、科学家于一身。他教人通过以下方法抛开愤怒、欲望或嫉妒：

1. 在脑海中想象一个让你非常生气的情境。

2. 逐一回想这段经历的每个细节。

3. 怒火涌起时，专注在愤怒而非愤怒的对象上。不要受制于愤怒，认清它与你是分开的。

4. 在你的注视下，愤怒逐渐消散。

练习这些思维

· "我的教养方式虽然有错误，但我应该得到宽恕。子女没有

义务原谅我，但我可以从朋友、家人身上或信仰中寻求宽恕。"

· "我可以接受子女依旧对我有愤怒情绪，但我不必为了自我辩护反过来对子女发怒。"

· "经常处于愤怒的情绪中，让我无法享有应有的生活品质。"

· "自我惩罚只会让我陷入不快乐的泥沼。"

· "惩罚子女会让我陷入不快乐的泥沼。"

你可能会为了避免与别人谈起痛苦的亲子关系而把自己封闭起来，这是羞愧、自我惩罚与沮丧的表现。千万不要这么做。你有权得到别人的爱与支持，一定要多与朋友、家人或宗教团体联系。你要让自己有机会被爱与被珍惜，同时对需要你的人应表现出关怀之情，这样你就会获得心灵疗愈的力量。很多人发现，帮助受苦的人是自愈的最佳方法。

爱一个注定没有回报的人是一种修行，需要莫大的勇气与宽广的心胸，而这种胸襟会慢慢表现在人生的其他领域。看看那些经历过巨大创伤的人会让我们领悟到一个道理：人确实有无私付出的能力，这种能力异常珍贵。

13.过去的孩子是今日的父母

——回顾你的人生

柯莉的童年没有多少愉快的回忆。"我真的觉得父母讨厌我，我好像狄更斯小说里的人物，只是要求吃点东西也会被怒骂。我的童年非常黯淡。"

童年的经历让柯莉感到不安全与焦虑，但她有信心扮演称职的母亲。与很多父母一样，她努力去做自己的母亲未曾做到的事，以治疗过去被伤害与误解的痛苦。但女儿艾瑞卡13岁之后情况全然不同，她从一个可爱的女孩变成恐怖的野蛮人。柯莉说："一切似乎是在一夕之间发生的。我原本是她最大的安慰，却突然变成痛苦的源头。她所有的问题仿佛都是因为我是个糟糕的妈妈——从来不倾听她的心声，永远只想到自己。我知道这种批评是不理性的，因为我做任何事情真的都是为了她，但她说话的方式仿佛得了我父母的真传，让我完全失去免疫力。突然间，我感觉她有莫大的力量，反而是我变成怯懦的小孩。我当然没有表现出来，只是说'你不能那

样对我说话'，其实我的心颤抖不已！"

英国心理治疗师与小儿科医师唐纳·温尼寇特（Donald Winnicott）说："每个人的一生都是童年经验的反刍。"虽然我们不像过去以为的那么直接受到童年经验的影响，我们与父母、手足及其他照顾者的互动确实会对后来的发展、伴侣的选择及教养子女的做法产生深远的影响。

本章有三点主旨可以帮助读者：（1）了解童年经验如何影响你教养子女的方法；（2）了解你对子女的对待（或苛待）的反应如何受到童年经验的影响；（3）无论你在教养子女上犯了何种错误，要学会宽恕与同情自己。

探讨你的过去

很多人都不知道自己在无意间仍受到过去经验的影响。以下问题可帮助你厘清童年经验对你的影响。

你与父母的冲突来源是什么？
勾选符合你的叙述。
□他们管太严，占有欲强。
□他们对我很不关心。
□他们虐待我。
□我不喜欢父母对待彼此的方式。
□他们没有帮助我。
□他们不相信我。

□他们太以自我为中心。

□他们太要求完美。

□他们没有时间陪我。

你在哪些方面讨父母欢心？

□我是个好学生。

□我很会运动。

□我会照顾父母。

□我让父母有面子。

□我很乖。

□我从来不会麻烦他们。

你在哪些方面让父母失望？

□我不是个好学生。

□他们不喜欢我的朋友。

□他们从不喜欢我交往的对象。

□我会酗酒、嗑药。

□我不爱干净。

□我会顶嘴。

□我做什么都无法让他们满意。

你在哪些方面以父母对待你的方式对待子女？

□我很挑剔。

□我很没有耐性。

□我很随和。

□我很用心付出。

□我是完美主义者。

□我容易内疚。

□我很粗暴。

□我的控制欲很强。

□我很以自我为中心。

□我对孩子的妈妈很不好。

□我对孩子的爸爸很不好。

□我很会吵闹。

□我比较被动。

你和父母的做法有何不同？

□我很疼爱孩子。

□我很用心付出。

□我很关心孩子。

□我花很多时间与金钱在孩子身上。

□我花在孩子身上的时间与金钱很少。

□我很有耐性。

□我很没有耐性。

从父母对你的方式来看，你自认应该拥有怎样的人生？

□我值得尊敬。

□我不值得尊敬。

□我必须很谨慎才不会受到排斥。

□我在这世上没有一点权威。

□这世上任何一个人都比我重要。

□世人多半得寸进尺。

□小孩应该多听少说。

□无论如何都应该将孩子摆在最前面。

□我应该不断付出，除非受到伤害。

□我应该只问付出，不求回报。

你在教养子女时所犯的错是否受童年经验的影响？

□我很容易内疚。

□我对别人的批评太敏感。

□我常觉得自尊受到考验。

□我太担心被排斥或遗弃。

□我过度介入孩子的生活。

□我不够关心孩子的生活。

□我的控制欲太强。

□我没有设定适当的界限。

□我对孩子的期待高得不切实际。

□我对孩子的期待太低。

□我已经放弃。

你的孩子很"难"管教吗？跟你小时候有多大不同？

□她比较自信。

□她比较没有自信。

□他比较叛逆。

□他不太叛逆。

□她比较会读书。

□她不太会读书。

□他比较随遇而安。

□他不太随和。

□她在交朋友方面较顺利。

□她在交朋友方面不太顺利。

□他不太有野心。

□他比较有野心。

□她不太独立。

□她比较独立。

　　依据我从事心理治疗多年的经验，一个人即使有悲惨的童年，长大后还是可以成为很称职的父母。但也有很多人将童年的痛苦印记带进自己的家庭，进而影响他们对待子女的方式，以及对子女行为的反应。

　　童年经验对我们教养子女的方式会产生影响，但未必很明显。就像有些夫妻会对配偶抱持不切实际的期待一样，今日很多父母对亲子的亲密程度也有不合理的期待。有些人不仅对自己的亲职角色期待不可能达到的标准，甚至期望通过亲子互动修补童年时的所有遗憾。

　　若孩子恰好都能符合你的希望，或者孩子比较麻烦的地方都是你很有自信的领域，这还不至于成为大问题。但童年的伤痛往往会留下一些求解的心结，当孩子有比较棘手的需求或性格时，便显得难以应付。例如，如果你原本就怀疑自身的价值，子女的批评必然会让你的心情更为低落。如果你有一个专制的父亲，自己为人父后，面对跋扈的青春期儿子，恐怕很难有积极的反应。如果你觉得父母排斥你、不爱你，当孩子表现出别扭的脾气、渴望独立的希望，或对你的不完美做出健康的反应时，你可能会觉得被打得眼冒金星，站都站不稳。当成年子女不再与你联系，你可能感觉过去父母对你说过的最糟糕的话全部获得了印证，虽然你耗费一生想要证明那不是真的。

下面将要探讨常见的来自童年的负面影响，尤其是对于教养方式的影响。负面的影响通常来自下列几种家庭：

- ·完美主义型父母
- ·长期忧郁型父母
- ·过度控制型父母
- ·忽略型父母
- ·批评、排斥、虐待型父母

完美主义型父母

肯恩因不知如何教养16岁的儿子马克而向我求助。学校与家庭都不知如何理解马克。他是学校最聪明的学生之一，读10年级时却是班上平均分数最低的。我听完肯恩的叙述后，发现他是个要求很高的人。例如他一方面谈到女儿的成就，又同时批评她没有更加努

力。

"马克的妹妹席拉争取到斯坦福大学的全额奖学金，但她进去后一直在混。"

"她的成绩不好吗？"

"席拉？她的成绩向来很好，问题就是对她而言太容易了，她会在拿到4.0（译者按：4.0是最高分）之后就开始翘课。这就是她的问题，不懂得用功的价值。"

我尝试寻找隐藏在抱怨背后的骄傲，却发现全部只是抱怨。

"你和她的关系如何？"我问。

"还好。她对她妈妈说，她觉得我不喜欢她，那是鬼扯。她只是看准我老婆心肠软，一定会安慰她：'可怜的宝贝，过得这么辛苦。'是啊，真辛苦：读最好的预科学校，在最好的社区长大，拿到斯坦福的全额奖学金。拜托，母女俩竟然一起抱怨我太严格。"

肯恩的女儿成绩不错，儿子马克却不是读书的料。他走的是故意自暴自弃的路，只为了让你知道他在自暴自弃。他不好好读书似乎是为了告诉父亲："你可以嫌我不够好，但我要提醒你和我自己，这是我的人生，不是你的。所以我要去做你最不喜欢的事，那就是混日子。"

我问肯恩接受的是何种教养，我猜想他自己的父母非常挑剔。

"没有人能让我父亲满意，不论我们兄弟怎么做，永远都不够好。他总是在后面逼我们要做得更好。但你知道吗？就是这样才有今天的我，因此我不会抱怨。"

我问肯恩和他父亲是否亲近，他说："不太亲。他对我妈妈不好，看了就难受。"

"嗯，听起来有点像你的妻女谈到你时的语气。"

"哈！"他露出惊讶的表情，还有点烦躁。"这我倒从来没想过。我不是我爸爸，也不希望和他一样。"

"我和你还有你的家人都不熟，听起来你给家人提供了不错的房子和生活，这点值得骄傲。但当一个父亲告诉我，他女儿认为父亲不喜欢她，他优秀的儿子毕不了业，我不禁要好奇这个父亲怎么了。我认为，当女儿说出那样的话，做父亲的应该很慎重地想一想。孩子不会为了引起注意捏造这种事，即使真的会，也是因为他不知道有什么更好的方法能引起父母的注意。太多的成年子女最后和父母的关系非常疏远，因为亲子互动让他产生很负面的自我评价。因此，首先我们必须从显然需要改变的地方做起，我想你的高标准可能是其中之一。"

其后几个月，肯恩接受我的建议，在孩子面前不再扮演企业主管的角色，而只表达支持。他非常需要引导，但他很愿意努力，所幸孩子的反应都很正面。他逐渐学会多称赞、少批评，儿子也因此不再需要通过反抗父亲来寻求自我认同，在校成绩愈来愈好。过去肯恩从来不知道父亲的完美主义对他影响那么大，现在他开始学习在其他领域放低标准，活得更自在一些。

很多父亲不知道何时该停止给孩子压力。事实上他们的心里也很矛盾，有时他们想起教练、朋友、父亲如何逼迫自己更努力尝试，跑得更快，回忆起来都是很正面的，得到的报偿可能仅是简单的点点头或在肩上轻拍一下——至少没有任何负面联想。他们很想知道要保持亲子之间永远温和相待应如何教养孩子。

这种态度与完美主义不尽相同。完美主义型父母会教导子女努

力才能有收获，却不会教孩子享受人生，教养出来的孩子自然较容易出现焦虑与忧郁的问题，因为他们不断提高追求的目标。一般的孩子都知道让父母开心自己才会感到安全与快乐，然而生长在完美主义家庭的孩子却没有这样的机会。

完美主义者往往不知道他们的高标准对孩子造成了伤害，从而也就不知道如何改善亲子关系。关系一旦受损，往往很难修补，因为子女的批评或抱怨会让父母转而严厉地批判自己，又反过来排斥孩子。

你是完美主义者吗？

如果你或你的父母是完美主义者，可能会认同以下一些叙述。
勾选符合你的叙述。

☐ 我无法忍受子女只拿第二名。

☐ 我让孩子觉得他们怎么做都不够好。

☐ 如果孩子的表现不够好，我会觉得丢脸的是我。

☐ 孩子常抱怨我在成就或行为方面逼得太紧。

☐ 我常常担心孩子是否表现不够好或不够努力。

☐ 配偶或朋友劝我不要管孩子太严。

☐ 我对自己的要求很高，因此当孩子批评我的教养方式时，我会很受不了。

☐ 我对自己的要求很高，因此当配偶批评我的教养方式时，我会很受不了。

☐ 我总觉得我可以做更好的父母。

疗愈练习：不要那么要求完美

· 在纸上写下你的高标准在哪些方面对你或孩子造成困扰。

· 列出继续维持这些要求的优缺点。

· 列出父母的高标准对你有哪些帮助。

· 列出父母的高标准对你造成了哪些伤害。

想想看，你若降低标准，自己是否会更自在？亲子关系是否会改善？

勾选符合你的叙述。

□我会更快乐。

□我和孩子相处会更愉快。

□孩子会觉得我对他的称赞变多，批评变少。

□我将不太会因为让孩子感到不被欣赏或被控制而内疚。

□我将不太会因达不到标准而焦虑。

□我将不太会因孩子对我不满而难过。

长期忧郁型父母

在布兰达成长的家庭里，母亲长期忧郁。刚开始接受心理治疗时，布兰达对我说："小时候我并不知道妈妈患了抑郁症，我想一般小孩都不会知道。我只是觉得她对我不太有兴趣，不能去吵她。她对我不是不好，而是很冷淡，好像我不存在。"

研究显示，如果母亲长期忧郁，子女较容易有忧郁、焦虑及各

种心理问题。其中一方面的原因是这种父母无法在日常生活中提供孩子自我发展所需的回应与了解。

如果你自己或父母长期忧郁，可能会认同以下一些叙述：

·我必须为照顾兄弟姐妹、自己和父母承担很多责任。这虽然让我变得比较坚强，却也因此凡事都无法放手，也无法相信有人愿意或可以照顾我。

·我有时感到空虚，似乎人生没有多少意义。

·我常觉得别人对我不够好。

·我善于付出却不善接受，别人不符合我的要求时，又容易不满。

如果你受到童年经验的影响或因其他因素容易忧郁，在教养子女时可能有下列表现：

·我期待子女像我照顾父母一样照顾我。

·我担心孩子无法负荷，因此不太敢让他承担责任。

·我期望孩子给我爱与安慰，但我的要求可能并不公平。

·我期望孩子为我的生命带来意义或乐趣，但我的要求可能并不实际。

·我有时候因缺乏活力而无法扮演称职的父母，我为此感到内疚。

·我害怕自己太依赖于人，甚至因此排斥孩子正常的依赖心理。

忧郁父母的亲子指南

如果你自己或你的父母长期忧郁，下列建议应该对你有帮助：

·将你自己的需求摆在前面，不要只顾别人而忽略自己。你会从中发现乐趣与意义，从而让内在的生命更丰富。

·你可能因为忧郁而无法成为你心目中的理想父母，若是如此，你要努力补偿被忽略的孩子。但不必为了过去惩罚自己，补偿过错而不批判自己是一门艺术，需要多加练习。

·也许你在教养子女时犯了和上一代相同的错误，你要学习宽恕自己。

·运用自我对话的技巧对抗因内疚而产生的自我批判。

·在家庭之外寻求支持与启发，寻找生命的乐趣与力量。

·若你一直为忧郁所苦，不妨尝试静坐与心理治疗。

过度控制型父母

葛雷和梅琳达的第一个小孩在两岁大时因罕见疾病去世。他们生下露安后非常高兴，同时又担心同样的不幸会再度发生。由于经历过丧子之痛，他们变得过度保护孩子，露安已经十几岁了，他们还是很少让她到外面玩。随着进大学的日子愈来愈近，他们知道女儿即将离家读书，对她的行动限制更加严格。

乔琪亚生性文静害羞，很顺从父母的规定。但长大后她因为害怕被另一个人控制而不愿意谈恋爱，而且不太愿意与父母接触，唯恐再次被他们掌控，这让父母很难过。她结婚生子后采取的是放羊

式的教养方式，她刻意不让孩子像她一样被约束。

你是控制型父母吗?

如果你或你的父母属于过度控制型，你可能会认同以下一些叙述。

勾选符合你的叙述。

□我很容易觉得被控制。

□我会很想控制别人。

□我与人相处时，很容易有被逼到角落的感觉。

□我不喜欢别人依赖我。

□我很容易觉得别人对我的依赖。

□我很需要独立。

如果你受到童年经验的影响或是很容易因为别人的控制欲而感到焦虑，在教养子女时可能会出现下列问题。

勾选符合你的叙述。

□我对子女的占有欲与控制欲很强，就像父母对我一样。

□由于我的父母比较依赖我，有时我不喜欢子女那么需要我投注时间与注意力。

□我采取"要待在这个家就得听话"的教养方式，以维护独立的感觉。

□我让子女太独立，因为我担心他们像我小时候一样觉得受控制。

疗愈练习：给曾经被严格控制的父母

· 如果你的管教太宽松，在孩子尚未离家独立前应尝试反向操作。青少年若没有任何管理，会觉得没有受到保护。

· 当孩子对你的宽严程度有所抱怨时要更加留意，可以考虑修正你的标准。对青少年管得太严必然会引发问题，请参考第八章的具体建议。

· 如果孩子所表达的健康需求是你小时候必须压抑的，可能会让你感到极度不安。不妨透过探讨这种不安的心理，进一步了解自己。

忽略型父母

被忽略的孩子在成长过程中容易感到孤单、害怕、微不足道，有时会因自尊心低下而无法顺利发展。就像一位母亲说："环境迫使我长大，我父母都吸毒，完全无法依靠他们。家里经常没有食物，因为他们都把钱拿去买毒品。我接受心理治疗多年后，才相信自己有资格追求像样的生活。"

你是忽略型父母吗？

勾选最贴近你的经验的叙述。
□我一直无法维持前进的力量。
□我常觉得孤单、害怕、微不足道。
□别人对我感兴趣时总让我惊讶。

□我常想做对自己不利的事。

受到童年经验的影响，你在教养子女时可能有下列表现：
□我在某些方面忽略孩子，就像我被父母忽略一样。
□我因唯恐孩子被忽略而变得过度关心。
□我很难相信自己对子女有任何价值。
□我没有足够的时间与心力扮演称职的父母。

疗愈练习：给曾经被忽略的父母

·决心每天为自己做一件有意义且让自己受到鼓励的事。

·如果你觉得自己很没有价值，不妨接受个别或团体治疗，培养更健康正面的自我观感。

·如果你忽略子女，要直接承认并补偿孩子。

·如果你过度关心孩子，要练习忍受焦虑，给孩子更多的独立空间。你可能需要朋友或家人协助你判断什么叫适度的关心。

批评、排斥、虐待型父母

孩子若在一个充满混乱、威胁或暴力的环境中成长，长大后容易害怕被抛弃，不信任别人。自己为人父母后可能会像本章开头的柯莉一样，面对子女的苛待不知道是否应该设限。

你是批评、排拒、虐待型父母吗?

如果你有这样的父母，在教养子女时可能有下列表现。

勾选最贴近你的经验的叙述。

□子女的批评或恼怒常被你解读为背叛而发生争执。

□你责怪子女让你感到恐惧、沮丧、愤怒，但事实上那与他们没有多大关系。

□你听任子女排斥你，以此证明父母当年对你不好是应该的：你这个人不值得被爱或被关怀。

□你为了让自己有安全感而过度控制子女。

□你过度保护子女，因为这个世界让你觉得危险或充满敌意。

疗愈练习：给批评、排拒、虐待型父母

· 练习本书教导的自信提升技巧，降低子女让你感到恐惧或受威胁的力量。

· 你的生命中要有足够的支持系统，才不会将子女的批评、排斥、苛待放在心上。

· 当你感到害怕时，运用自我对话、自我肯定、放松等技巧来舒缓心情。

· 运用积极正面的自我对话保护自己不因孩子的指责而受伤。你的自尊不应完全寄托在子女对待你的方式上，要努力展现自己更坚毅的一面。

· 承认你也要为亲子关系的负面互动负一部分责任。当互动开

始变得负面时，努力中断或转移方向。

·想想看你是否将幼时被苛待的方式复制在子女身上。若你曾伤害过子女，一定要弥补过错。

·写一封信给过去曾伤害过你的父母或重要的人。告诉他们不该在你最需要指引与帮助时伤害你，说出他们曾给你带来多大的痛苦。正视你的愤怒，这能帮助你消除他们根植在你心中的负面自我形象。写完后你可以自行决定是否寄出。

·不要责怪子女妨碍你追求快乐。列出能够让你快乐的因素，并努力做到。

纾解压力

调整压力才能让心灵获得疗愈，并找到最终的平静。下列问题能协助你评估目前的压力与你的因应方式。

面对压力你会怎么做？
你会放在心里还是表现出来？转移注意力？忽略自己的需要？

除了孩子之外，你目前还要面对哪些压力？
·经济。
·婚姻或家庭其他因素，如父母年老或与兄弟姐妹的关系。
·事业。
·与教养子女无关的忧郁或焦虑。
·房子。

· 健康。

你目前有哪些支持系统？

· 朋友。

· 配偶或伴侣。

· 宗教信仰。

· 心理治疗师。

· 亲人，如父母、兄弟姐妹、祖父母、堂表亲。

· 同事。

找出压力源。

要下定决心减轻压力，方法很多，如心理治疗、药物、静坐、瑜伽、运动、自我肯定，多与朋友在一起，或参加强化灵性修养的活动。

当你为人父母后，会面对许多意外的困难，童年经验可能会影响你的反应。厘清这些影响有助于治疗子女带给你的伤痛。当你发现你的一些感觉与反应其来有自，也就比较能宽恕自己。不仅如此，你将能以更宽阔的胸襟看待你的子女及周遭的每个人。

后记

——心灵疗愈的基本原则

> 在最深的冬季，我终于发现
> 我的内心有个不灭的夏天。
>
> ——卡缪（Albert Camus）

过去40年来，全球最富有的国家恰好是抑郁症患者增长最多的国家。现代人比任何时期更有能力通过产品与经验的消费追求快乐与满足，却比任何时期更强烈地感到不满足。因为这些产品都只诉诸短暂的经验，个人不需要投入太多心力。读者也许看过一些汽车后面贴着标语"死时拥有最多玩具的人最幸福"，这句话何止是愚蠢。

现在的心理学界主张通过同情、宽恕、感恩、乐观等传统原则扭转这一趋势。我认为这项运动很有价值，也以这些原则作为本书的基础。

下面为心灵疗愈的基本原则。

心灵疗愈需要持之以恒：
· 检讨你应该为现今的亲子问题负起何种责任并勇于承担。
· 弥补你的过错。
· 尝试宽恕子女过去或现在对你造成的伤害（这不等于原谅错误的行为、寻找借口或淡化你所受的伤害）。
· 宽恕你对子女所犯的错。
· 将愤怒、内疚、羞愧、懊悔放在一旁，强调希望、感恩与乐观。
· 不论是身为父母或作为一个人，你都可以依据你的优点与成就来建立你的个人认同与生命故事，而不是一味去看受苦与失败之处。
· 从朋友、家人或信仰中寻求支持。
· 回馈社会。

在这些原则里，我认为感恩与寻求支持最重要。就像罗马政治家西塞罗（Cicero）所说："感恩不只是最大的美德，也是所有美德的根源。"有了他人的支持，你才能培养同情自己与宽恕别人的能力，你才能知道你不是世上唯一受苦的人，才能时时刻刻明白你拥有什么，并心生感恩之情。

我深切希望本书能带给读者些许安慰。我写这本书是因为书中讨论的许多问题我都有亲身体验。我向你保证，在经历了悲伤、无望与困惑的日子后，迎接你的将是快乐、希望与清醒。实践本书介

绍的原则会让困惑的日子少一些，明白的时候多一些。

　　我在和女儿相处最困难的那段时期，经常打电话给两位好友。我选择他们是因为他们也有过类似的经历，很能体会我的心情。你的倾诉对象未必要和你有类似的经历，但能感同身受是最好的。因此，我在我的网站（www.whenparentshurt.com）上特别保留一个地方，让你和际遇相似的人交流。我希望这能成为你的社群之一，提供些许支持、安慰与希望。尽管寄电子邮件给我吧，我很乐意听听你的心声。

约书亚·柯尔曼

于旧金山

附　录

——爱家男人要三思

　　你终于结束单身生活。一段时间后，你却开始怀疑这个婚是否结对了。这是你第一次婚姻，你感到气馁无望，开始觉得你的婚姻一点都不像电视或《美国周刊》（*US Weekly*）上看到的那样。你心想，能有建立在友谊、共同的兴趣和美满的性生活上的婚姻该多好！

　　你们有孩子，你不知道有孩子的人离婚是什么滋味，但猜想应该不会太糟。人生有得有失嘛，大家不都是这么说，总会有些收获吧。

　　你离开电影院后开始想这些事，因为你的婚姻也曾经像电影里演的那样，至少在刚刚开始约会时。电影其实还挺写实的，描写了成年人疏离、困惑的心情，但就连那样的电影里也有人坠入爱河，像是《美国丽人》（*American Beauty*）里那两个16岁高中生。于是，你拿自己的婚姻和电影里的青年相比，搞不清楚自己怎

么会走到剧中凯文·史派西（Kevin Spacey）的地步，不知道你是否需要买一辆庞帝克，或是在大麻里寻找自我，虽然你只会找同年龄段的女人，但是还不至于笨到去勾搭女儿的朋友。

也许你发现演员在现实生活中的婚姻也和你差不多。于是，你不再和他们在银幕上的美满婚姻比较，想到现实生活中很多演员离婚后还是过得很快乐，成为兼职爸爸，住在洛杉矶、纽约或蒙大拿的某个农场。

你坐在公园长椅上看着孩子和老婆一起溜滑梯，这时坐在你旁边的恰巧也是个离婚爸爸。如果你没有离过婚，你绝对看不出他的孤单。因为他也和你一样伸长腿，对着荡秋千或旋转椅上的孩子挥手——你曾经一时冲动坐上那旋转椅，转得你头晕欲吐。秋千上的孩子对你喊："看我！看我！"你无法想象必须按照合约的规定，就像还录影带一样在6点之前将他送还给他妈妈。你也不会知道送孩子回去时，孩子的妈妈将门关上时那一刻的感觉——就像面对一扇墓门，孩子挥手时露出悲伤或困惑的表情；更糟的是，他很高兴回到妈妈身边，完全忘了门外还有他这个爸爸。

你每天和妻小一起进出家门，绝对无法体会单亲爸爸坐在车里看着曾经是家的屋子，知道孩子就在里面笑闹、大声说话或在窗边草草向你挥两下手，就像送别一般长辈一样，你绝不知道那是什么滋味。因为你还在婚姻里，每天早上醒来面对的都是孩子的笑声、无尽的问题、要求、挫折与难过，你无法想象要是没有这些声音的家简直就像一潭死水。你经常渴望家中能有安静无声的时刻，但你不知道回到家若永远是那样安静，感觉更像是走进森林大火后的荒野。

已婚的你可能刚和妻子一起哄小孩睡觉，睡前读的是《哈利·波特》（*Harry Porter*）、《小火车做到了》（*The Little Engine That Could*），或者教导人要永远不放弃努力到底的儿童故事。夜渐深，你和太太又开始激烈的争执。你感到好孤单，不知道这么努力维持所为何来。你觉得没有人比你更惨，没有人能了解你，除了那个正在和你有外遇的女人。她的每句话总能说到你心坎里，总能让你对自己很满意：这本来就是你应得的待遇。还有，你们的性事更是美妙无比，话说回来，偷来的爱情当然美妙无比，否则何必费事？

你是已婚男人，放假会带孩子出去玩，带孩子踢足球、写功课，游乐场上的应对进退都有你帮忙，于是你可能以为看着孩子握着前妻新欢的手走出家门时不会有太多感觉，更没有想到孩子称呼那位新欢为"我的新爸爸"时会心如刀绞。虽然你已经接受过太多心理治疗，内行到能在东西两岸各开一家诊所，你还是忍不住又气又痛地说，孩子怎么可以怎么可能有一个新爸爸！那个位置只属于你。如果孩子再次提起那个词，一定会发生很可怕的事，你只是不确定会发生在谁身上。

你开始质疑，值得这么痛苦吗？有什么理由值得让你前一天拥有你的宝贝和你的自我，隔天这一切却像被疯狂的组装机器人一把夺走、撕裂，且周复一周，永无休止？朋友、家人和专家都说时间会治疗一切，这是真的。因为你终究学会找到更好的方法让自己变盲目，变麻木。人们会告诉你这就是成长，你心想人们太高估成长

的价值了。

你一向自诩为最棒的爸爸，也确实做得不错，但现在你最好咬牙接受离婚的事实，感谢每周或每个暑假能见到孩子或尽到某种奇怪形式的父职——只有法院才想得出来。也许等孩子长大读大学或搬出去后你会觉得好一点，也可能不会。也许孩子独立后反而能更清楚地看到你的局限所在。

虽然你永远不会那样做，但你开始能了解那些迷失的父亲，因为自己做错事或时运不济而被晾在一边，选择搬到遥远的地方且极少联络，让孩子载浮载沉如同从船上丢到水里的玩具。

多年后，长成青少年或已经成年的孩子在电话中表达愤怒与不满时，那些父亲将是如何震惊，如何不知所措。他们可能脱口说出某种借口，原意是要表达歉意，听起来却像是在责怪孩子和前妻，电话那端的孩子很庆幸父亲早早离家，并明白难怪母亲不要这个婚姻。

也许你没有让事情恶化到这种地步，但你觉得确实需要离开婚姻。也许积压了多年的伤害与不平已让你和家人觉得连呼吸都不顺畅，没有一位牧师、拉比（犹太人的学者）或心理治疗师能帮你，因为你都试过了。最后，你爱上了某人，因为她让你想起你最珍惜的美好事物：那些美好曾经出现在你的孩子、最好的朋友及前妻（你很不愿意承认）身上。

不论是对是错，是好是坏，你还是忍不住要回头看。以前孩子还缠着你问你和妈妈何时复合，到后来他们终究不再问了，但心中并未放弃希望。他们抱持这希望如同你抱持对他们的爱：温柔，坚定，无法隐藏。不论婚姻多么糟糕，你多么庆幸自己走了出来，多么确信这是正确的决定。与此同时，某个部分的你还是怀疑，当初有没有任何事是我可以做的？有没有？

（刊载于2000年《旧金山纪事报》父亲节周日版）